腾讯增效密码
小团队、大业绩管理实战指南

况 阳◎著

Tencent's
High-performance
Code

Publishing House of Electronics Industry
北京·BEIJING

未经许可，不得以任何方式复制或抄袭本书之部分或全部内容。
版权所有，侵权必究。

图书在版编目（CIP）数据

腾讯增效密码：小团队、大业绩管理实战指南 / 况阳著. -- 北京：电子工业出版社，2025.7. -- ISBN 978-7-121-50505-8

Ⅰ．F279.244.4-62

中国国家版本馆 CIP 数据核字第 2025ML6185 号

责任编辑：晋　晶
印　　刷：北京市大天乐投资管理有限公司
装　　订：北京市大天乐投资管理有限公司
出版发行：电子工业出版社
　　　　　北京市海淀区万寿路 173 信箱　　邮编：100036
开　　本：720×1000　1/16　印张：13.5　字数：216 千字
版　　次：2025 年 7 月第 1 版
印　　次：2025 年 7 月第 1 次印刷
定　　价：69.00 元

凡所购买电子工业出版社图书有缺损问题，请向购买书店调换。若书店售缺，请与本社发行部联系，联系及邮购电话：(010) 88254888，88258888。
质量投诉请发邮件至 zlts@phei.com.cn，盗版侵权举报请发邮件至 dbqq@phei.com.cn。
本书咨询联系方式：(010) 88254199，sjb@phei.com.cn。

人工智能时代，
像腾讯一样进行组织增效

凡成事者，必怀初心，否则，他很容易在这件事上中道而止。本书历时五年终能成书，正源于五年前笔者被种下的那颗初心。

2020年初，突如其来的疫情将全球企业推上了"云端"。彼时，多数企业仍抱有短期应对的幻想，认为这不过是一次类似"非典"的阶段性危机，"远程办公"只是权宜之计，根本不值得浪费精力去系统思考。很少有人意识到，这场危机带来的，不是暂时性的工作方式变革，而是一场深刻的组织重塑。"远程团队"不再是个别场景的特例，而正在成为企业的常态组织单元。

不过，少数有远见的人，已经嗅到了时代的气息，其中之一便是缪伟先生。作为阿里云的前HR负责人，他亲历并主导了阿里云从数百人到两万人的壮阔扩张，也目睹了云计算在如何深刻地改变着组织的协作方式。正是阿里云的这段经历，让他敏锐地捕捉到了云上办公这一未来趋势，他断言："云上办公"将是未来组织运行的新常态。云上办公，就是组织里分散在各地的组织成员，借助计算云的能力，有效地在云上进行协同工作。

在一次交流中，我们反复讨论着一个问题：当团队成员不再共处一室，组织还能否高效运转？身为一名组织发展从业者，我深知协作、文化与信任的力量。但所有现有的管理动作，都建立在"人在一起"这一基础上。一直以来，我都深受组织发展领域泰斗级人物勒温先生的场域理论的影响。勒温认为，组织是一种像电场、磁场一样的"场"，要想产生协同与能量流动，成员必须处于同一空间场域。因此，我一度难以想象，如果空间被打散、成员被分散，组织文化还能被感知吗？团队凝聚力还能建立吗？协同执行还能有默契吗？管理者还能够创造 1+1>2 的势能场吗？

尽管疑问重重，但我仍选择迈出第一步。出于对缪伟先生一贯的远见卓识的信任，我决定暂停那种"管理必须在现场"的固有信念，转而认真审视远程团队管理这个问题。不曾想，这一选择，为我后续的研究打开了一扇新门。

后来，我离开阿里，加入腾讯，一度中断了远程团队管理课题的研究。但现实世界没有按下暂停键。疫情反复延宕，远程办公成为常态。线下的物理空间虽逐步恢复，却再也无法成为管理的唯一解。与此同时，我注意到，越来越多管理者开始发出类似的声音："团队一旦分布在多地，原来那一套方法就失灵了。""我不知道该怎么管，也管不过来。"这让我意识到，远程团队管理，正在从特殊场景，变成一种常规挑战。

为了验证这种判断是否具备普遍性，我们在腾讯内部发起了一项针对管理者的调研。结果让人震撼，却又在情理之中：90% 的管理者坦言，在跨地域管理时明显感到无力，传统的"就近管理""现场指挥"在远程场景中几乎失效。他们急需一种新的管理方式：不仅仅是"多开几个视频会议"，而是一整套真正适配远程协作环境、能激发绩效的新型组织增效方法论。

管理者的真实呼声，让我下定决心，重新点燃了对远程团队管理的研究热情。我意识到，这不仅仅是一次工具上的演进，而是管理范式的转型。在腾讯，我们正式启动了"远程团队增效"项目，从实证研究出发，试图搭建起一套适用于远程团队的系统性管理模型。

我和北京大学章颖博士、腾讯云 HRBP 杨涵晰女士，以及多位来自腾讯云业务的管理者，共同组成了项目小组。我们从一线出发，广泛访谈管理者，分析他们在跨地域管理中遇到的典型痛点，从中提炼出高频难题，并以此为切入点，构建理论框架。

同时，我们也系统回顾了国内外关于远程团队、虚拟组织、远距协作等相关研究成果，试图从学术理论中寻找养分。从实践中来，到理论中去，再回到实践中检验——这是我们构建这套模型的基本路径。

经过数月的调研与设计，我们提出了"远程团队增效五力模型"，即信任力、目标力、规则力、中台力与成长力。这五个维度共同构成了一套可操作、可验证、可落地的远程团队管理系统。

2021 年底，"远程团队增效五力模型"正式集成进腾讯管理者培训体系，我们也完成了首轮课程交付。令人意想不到的是，课程一经推出，便引发了管理者的热烈反馈。在短短一个月内，我们连续开设了三期线下培训班，参训率和满意度均远超预期。有管理者坦言："这是第一次，有人把远程团队管理讲清楚了、讲系统了。""以前是靠感觉，现在终于有了一套结构化的管理抓手。"为了让更多管理者能够随时随地学习，我们还同步录制了线上版本，实现了内部大规模推广。

再后来，我离开腾讯，开始以管理顾问的身份服务更多不同类型的企业。我惊讶地发现，远程团队管理的困境，并非只存在于互联网大厂。无论是快速出海的科技公司，还是正在布局多地运营的制造企业，抑或是积极探索灵活办公的新兴组织，都在面临同一个挑战：如何在"不在一起"的前提下，把人也能带好，把事也能做成？

其中，最具代表性的场景，就是"出海"。当国内市场逐渐饱和时，越来越多企业将目光投向海外。大量企业在国内只保留一个核心管理中枢，将执行团队布点全球。对于这些企业而言，远程团队管理早已不是"有没有"的问题，而是"做不好就无法生存"的问题。我熟知的多家出海企业，包括腾讯、华为、阿里、蚂蚁金服、字节跳动、宁德时代、米可世界、菲鹏生物、三诺生物等，都在实践中高度依赖远程协作平台、中台能力建设和规则制度重塑。他们的案例不断验证着一个判断：远程协作，不仅是管理技术的进步，更是全球化时代组织管理者的必修课。

如果说全球化浪潮推动了组织的"地理分散"，那么人工智能的飞跃，则让"分布式协作"成为技术可行、效率可观的现实。2022年底，ChatGPT 的横空出世，标志着 AI 进入产业级应用时代。腾讯 CEO 马化腾断言："人工智能是几百年不遇的、类似发明电的工业革命一样的机遇。"阿里前 CEO 张勇更是直言："人工智能时代，所有应用都值得用 AI 重做一遍。"而随着 DeepSeek-R1 等开源大模型的出现，AI 从"巨头专属"迅速走向"人人可用"，一个新的事实逐渐清晰：组织不再需要将人聚集在总部大楼才能完成高效协作。在人工智能技术的助力下，越来越多企业开始构建"云端团队"与"远程智囊"。跨地域、跨国界、跨时区的协同，不再是梦想，也不再是障碍。招人不再受限于地理位置，部署业务不再依赖于实体空间。相反，那些能快速适应远程协作的新型组织，反而更具创新活力和响应速度。AI 技术的发展，正在为"远程团队增效"提供前所未有的基础设施与算力支持——它不再是妥协方案，而变成了战略杠杆。

组织效益的衡量方式正在悄然变化。过去，我们强调"现场感""响应速度""一线指挥"。今天，更重要的是，你是否能构建一支跨地域、高协同、自驱动的远程团队？你是否拥有一套能驾驭复杂分布场景的系统管理方法？

这，正是本书所要回答的问题。本书提出的远程团队增效五力模型，正是为了帮助管理者在 AI 时代重构组织力、提升跨地域团队绩效而设计的。

有鉴于此，在辅导了更多企业之后，我决定将这套萌芽于阿里，成型于腾讯，生长于更多企业真实场景的远程团队增效方法，系统性总结成书。

这是五年来的经验提炼，也是一份给所有管理者的实践答卷。面对快速变化的组织边界和协作方式，我希望这本书能够成为你带队穿越混沌的地图，成为你点燃团队动能的引擎。

本书共分十章，各章环环相扣，构成了一个完整的远程团队增效体系。它不是由若干篇经验杂谈拼凑而成，而更像一部有系统、有结构的"管理拳谱"。

我建议你将其作为一个整体来阅读，以循序渐进地理解五力模型，而非随手翻读。唯有系统思考，才能支撑系统管理；唯有结构化能力，才能应对复杂的远程协作挑战。

第一章介绍了腾讯的"氧气项目"，揭示了高绩效团队管理者的关键行为。这些行为经过科学验证，是支撑远程团队管理的重要基础，为远程团队管理方法论提供了实证根基。

第二章探讨了"领导力是否必须在现场"的问题，挑战了管理者对"在场感"的传统信仰，并提出了"远程团队增效五力模型"：信任力、目标力、规则力、中台力、成长力，它也是全书的总纲。

第三章到第七章依次对远程团队增效五力模型进行了深度解构，辅以案例和实操指南，帮助读者理解五力是什么，以及五力之间是如何彼此支撑和协同的。

第八章通过一家出海企业的落地案例，展现了五力模型在实际业务环境中的完整应用路径。

第九章回顾了五力模型，并提出"远程组织增效的四重境界"，供读者在时间有限的现实中找到优先修炼顺序。

第十章写在最后则站在更高维度，探讨了"高活力组织"的底层组织观，回应未来组织形态的深层演化。

在管理领域，研究是骨架，实践是血肉。没有血肉，骨架干瘪；没有骨架，血肉模糊。本书试图将两者结合，既提供实证研究的结构支撑，也呈现真实企业的实战案例，让远程团队管理既可理解，又可落地。

就像牛顿构建的经典力体系一样，支撑它的是牛顿三定律，这三定律是一个互为补充的系统，你孤立地去运用某一定律，都会存在局限。远程团队增效五力模型也一样，五力是一个组合力，这五力相辅相成，构成一个整体。单独去看每个力时，它就像单调的单个音符，只有将这五力组合运用，管理者才能真正奏出"跨地域高绩效"的协作乐章。

衷心希望，在这个 AI 引领、出海爆发、人力重构的时代，每一位管理者都能以五力为器、以方法为剑，突破空间限制，实现小团队、大业绩的管理跃迁。

这，正是我写作本书的初心。

这一页，留给你们

写完这本书，我终于可以松一口气，也终于可以，好好说一声"谢谢"了。

这一路走来，不是一个人的独行，而是一群人的同行。

首先，要感谢缪伟先生，正是我们在阿里那场深聊，开启了我对远程团队管理的全新认知。

更要感谢腾讯。在腾讯从业期间，我不仅深刻体验到了腾讯"用户为本，科技向善"的使命召唤，更见识了另一种温柔却坚定的管理方式：不是靠流程压人，也不是靠口号感召，而是真正从用户和员工的角度出发，用心打磨每一个决定，沉下心服务每一个人。这种"润物细无声"的企业气质，让我受益匪浅，也深深烙印在了本书之中。

感谢那些在腾讯一起并肩作战的你们。奚丹、魏颖、陈韵，你们用温和而坚定的领导方式，让我理解了"以人为本"的真正含义；马里兰大学的廖卉教授和人力分析团队，你们让一切关于组织的探索，有了数据的温度和科学的底气；于洁，是你为高绩效团队项目打下的厚实基础，让我这个后来者能顺利接棒；章莹，我们一起熬过许多加班夜，也一同笑过那些让我们"头秃"的讨论，每一个共创的瞬间都值得被记住。

感谢所有在写作过程中鼓励我、理解我、支持我的朋友们。管理是门深奥的学问，写出来却必须通俗易懂，谢谢你们在我每一次卡壳、挣扎和犹疑时，愿意听我唠叨、给我力量。

尤其感谢我的家人。这本书最亏欠的就是你们。无数个夜晚，我不是在陪你们，而是在窗前"静夜思"、在电脑前疯狂打字；每一个假期，当我说"我还得改点东西"时，你们总是默默地把时间和空间留给我。正是你们的理解和包容，让我能把这件事坚持到底。

创作的过程，就像修一座桥，从一个时代走向另一个时代，从"人在一起才叫组织"走向"即使不在一起，也能凝聚人心"。如果这本书能让你在远程团队管理的世界里不再孤单，能让你重新找回带队前行的信心与热情，那我所有的熬夜、反复和打磨，都值得。

管理，从来就不是技术活，更像一场修行。有时是架桥铺路的工程师，有时是点灯引路的守夜人，更多时候，是那个在众声喧哗中独自沉默、在风雨将至时悄然扛起重担的苦行僧。

如果你正走在这条路上，那么这本书是写给你的，写给你所有曾经咬牙坚持也曾怀疑自己的那个时刻。

谨以此书献给每一位认真走路也认真带人的管理者。

况阳

2025 年 5 月 1 日于南京

目录 CONTENTS

第一章
腾讯高绩效团队管理行为

从著名的谷歌"氧气项目"说起 / 003

腾讯的"氧气项目":寻找本土高绩效密码 / 005

微信:十几人小队打造亿级生态 / 005

游戏:从"冷启动"到"王者荣耀" / 006

从实践走向研究:腾讯的"氧气项目" / 006

腾讯高绩效团队 4T 管理行为 / 008

4T 管理行为模型 / 008

6 个关键发现:高绩效管理者的秘密都在这了 / 012

4T 管理行为的应用及启示 / 023

4T 管理行为在腾讯的落地之路 / 024

4T 管理行为给本土组织科学增效提供了依据 / 025

第二章
远程团队增效五力模型

从"走动管理"说起:当管理者还能拎着茶杯转悠时 / 029

"走不动"的管理时代来了：当你"动"不了时，管理还怎么有力 / 030

领导力一定要在现场吗 / 032

领导力的第一性原理是什么 / 032

不在现场，照样有力 / 035

破解之道：远程团队增效五力模型 / 036

无所不在的远程团队 / 036

神奇的数字"5" / 038

远程团队增效五力模型：让协作像引力一样自然发生 / 039

五力模型与4T管理行为 / 042

第三章
组织增效需要一个引力子

你的团队是意大利面型还是星型 / 047

团队协作的底层逻辑：心理安全感 / 050

信任是协作的根基 / 052

如何打造信任力：从"了解"到"破冰" / 055

招式1：建立团队成员档案，深度了解每一个人 / 055

招式2：定期破冰，让信任"活水长流" / 058

信任是一个持续过程 / 065

信任是怎么被破坏的 / 067

如何检测团队的信任感 / 069

第四章
组织增效需要一个引擎

从团队六要素说起 / 076

目标的力量：从阿波罗计划到岳家军 / 077

管理者的工作层次 / 079

如何提升目标力：从小梦想到共同目标 / 082

　招式 1：共识团队的小梦想 / 082

　招式 2：共创团队目标 / 086

给团队一个起飞速度 / 095

第五章
组织增效需要一个通信体系

从"靠人盯"到"用规则管"：三个故事的启发 / 099

　故事 1：延迟听写"处方"药 / 100

　故事 2：从"日日不记"到真日记 / 100

　故事 3：从推诿内耗到高效协同 / 101

车同轨，书同文，行同伦；量同衡，度同尺 / 103

　车同轨：统一标准，提升流动效率 / 103

　书同文：统一语言，建立信息互通的基石 / 104

　行同伦：统一风俗，塑造共同的文化认同 / 104

　量同衡，度同尺：统一标准，保障公平 / 104

如何提升规则力：从行为规则到评价规则 / 105

　招式 1：制定行为规则，让团队步调一致 / 105

招式 2：评价规则有言在先 / 111

让分歧开花结果：如何把冲突变成协作引擎 / 114

三类冲突，性质各异 / 114

管理冲突，防患未然 / 116

三板斧，破局有术 / 117

冲突管理，是规则力的延展 / 117

对巴比伦人为何建不成"通天塔"的深思 / 118

第六章
组织增效需要一张仪表盘

从阿波罗 13 号的故事说起 / 123

如何提升中台力：从仪表盘到公开透明 / 124

招式 1：你的团队也需要一个工作中台 / 124

招式 2：推倒信息柏林墙，给团队经常和相关的更新 / 130

充分发挥中台的连接力 / 135

从"电话＋邮件"到"eSpace"：高效协作的最初进化 / 136

让知识流动起来：3M 知识社区的启示 / 136

AI 时代的"超级中台"：从工具到智能拍档 / 137

越连接，越智能；越智能，越协同 / 137

一个忠告，别忘了中台的核心是人 / 138

第七章
组织增效的内生力量

字节跳动价值观变迁给我们的启示 / 143

如何提升成长力：从 1 对 1 沟通到团队复盘 / 145

招式 1：用好 1 对 1 沟通，点燃个体成长引擎 / 145

招式 2：打造团队复盘文化，让反思成为集体习惯 / 147

个人教练和团队教练 / 152

重要的是要共同成长 / 153

第八章
出海企业如何增效

一家出海企业的困境 / 157

五力模型如何帮助出海企业增效 / 159

信任力：从"互不信任"到"深度连接" / 159

目标力：从"目标模糊"到"上下同欲" / 160

规则力：从"混乱无序"到"高效协作" / 163

中台力：从"信息孤岛"到"无缝协作" / 167

成长力：从"停滞不前"到"持续进步" / 169

五力共振，组织焕新 / 173

向外出海，也向内生长 / 174

第九章
组织增效的四重境界

组织增效四重境界 / 177

第一重境界：手中有剑，心里无剑（有意识无系统） / 179

第二重境界：手中有剑，心里也有剑（有体系可调度） / 179

第三重境界：手中无剑，心里有剑（五力入脑又入心） / 180

第四重境界：手中无剑，心里也无剑（气场即管理） / 180

从工具到气场：如何踏上五力修炼的阶梯 / 181

组织增效状态自检表 / 182

五力修行实战图鉴：看华为与字节如何走到高境界 / 183

华为：流程打造钢铁军团，规则成就秩序之光 / 184

字节跳动：算法驱动蜂群协作，数字塑造柔性秩序 / 186

两种路径，一种共识：五力之上，皆为修行 / 187

写在最后
从术入手，归于人心

管理的起点：组织究竟是什么 / 190

六层组织观：从结构到生命，从术到道 / 190

高活力组织的"三观" / 191

团队增效：更需要以"道"驭"术" / 192

模型的力量：照见本质，点亮行动 / 193

高手都是有套路的 / 193

模型，是让人看清世界的隐形望远镜 / 194

模型，是管理者成长的脚手架　/　194
从模型到信念：管理修行的终点　/　195

参考文献　/　197

第一章

腾讯高绩效团队管理行为

在中国互联网企业里，如果要选出一家最像谷歌的公司，腾讯一定榜上有名。

不只是因为它的产品线横跨社交、内容、云、游戏等多个科技赛道，更因为它在管理上，也流淌着同样浓厚的工程师文化。

在谷歌，工程师有很大的话语权；在腾讯也是。

在谷歌，员工往往既有一位技术负责人（TL），也有一位行政管理者；在腾讯，也是类似的双线机制。

在谷歌，公司提供全天候的免费餐饮；在腾讯，员工同样可以享受免费早晚餐和多样的办公福利。

而在更深的管理观上，腾讯也展现出了难得的"温和弹性"：这里鼓励试错，很少因为一次业绩不佳就让人离开；相反，内部转岗机制很健全（内部称为"活水"制度），员工常常能借此"重新上路"，再度绽放。

这些氛围组合在一起，让腾讯在中国大厂中显得特别"松弛"，却又特别"有生命力"。

所以在讨论腾讯的高绩效团队管理行为之前，我们不妨先从谷歌说起——看看那家全球顶尖工程师聚集地，在如何重新"定义"管理。

从著名的谷歌"氧气项目"说起

在科技圈里，谷歌是个特别的存在。它技术味儿很浓，工程师文化刻在了公司的基因里。也正因为这样，管理者在谷歌，曾经一度被视为"多余"。

2002 年，谷歌创始人拉里·佩奇和谢尔盖·布林干了一件惊天动地的事——取消所有管理者岗位。

没错，是所有。

那会儿谷歌已经有三百多号人，创始人觉得，既然大家都是聪明人，干脆别设管理岗，大家自己协作，岂不更高效？

但现实却啪啪打脸。

6周后，项目推进乱成一锅粥，审批卡壳，人际摩擦剧增，连最基本的信息传递都成了问题。没办法，公司只好火速把管理者"请回来"。

这场失败的"去管理实验"，其实成了谷歌认清管理价值的一面镜子。

但"管理到底有没有用"这件事，在谷歌内部还没彻底说清。于是2009年，在谷歌人员超万人规模的时候，他们干脆用科学方法来一次"管理者行为大起底"——"氧气项目"正式启动。

他们拿出上千名管理者的样本，从中挑选了140名表现最优秀者与67名表现最差者进行行为对比，如图1-1所示。研究团队试图回答两个问题：

※ 好的管理者到底做对了什么？

※ 这些行为是否可以被明确、复制、训练？

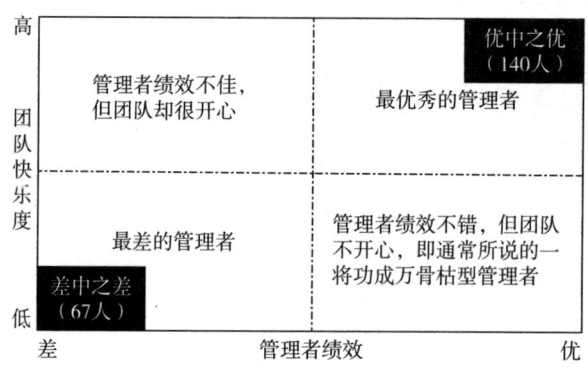

▲ 图1-1 谷歌"氧气项目"对管理者分类象限图

经过系统分析，他们发现，那些被认为"管得好"的人，往往在这8件事上做得特别扎实：是好教练、善授权、不瞎管、重结果、会沟通、帮成长、有愿景、够专业。换句话说，好管理是可以量化、可复制、能训练的。

这正是谷歌"氧气项目"的最大贡献：让"管理"从玄学走向科学。

这个启发，点亮了腾讯人力资源部的本土化意识，他们也开始思考，腾讯有没有可能，也用类似的方法找到自己的"高绩效管理行为密码"？

腾讯的"氧气项目"：寻找本土高绩效密码

腾讯，是中国少数同时具备"极致工程师文化"和"复杂组织管理能力"的公司。

而它的两大王牌部队——微信事业群（WXG）和游戏事业群（IEG），恰好代表了腾讯最有活力、最有战斗力的两个管理样本。这两大事业群，一个承载流量，一个创造营收，是腾讯的"左右手"。

微信：十几人小队打造亿级生态

2010年冬夜，张小龙给马化腾发了一封邮件，建议做一款像Kik一样的即时通信工具。马化腾当即回复：干！

于是，一支十几人组成的小分队，仅用两个月就开发出了微信1.0。最初无人问津，直到"语音消息""摇一摇""漂流瓶"等功能接连上线，微信才迅速出圈、火遍全国。

今天，微信月活跃用户已超13.85亿，成为中国人"睁眼第一屏"。而支撑这款国民级产品的背后，只有一支约5000人的团队。这个体量的业务，配上如此"小"的人力配置，堪称管理奇迹。

更令人惊讶的是，微信事业群人效极高，是腾讯所有业务线中人均产出的"天花板"，其人效是腾讯全公司均值的三倍还多。

这一切，都离不开张小龙坚持的小团队思维。他始终相信："人越少，脑子越清楚；人越多，越容易乱。"他的管理信条是——小团队，大责任；人少，事不糙。

游戏：从"冷启动"到"王者荣耀"

腾讯游戏不是一开始就强。当它 2004 年入局时，盛大、网易、联众已经占尽先机。

它从最朴素的棋牌游戏起步——斗地主、象棋、梭哈，再到后来模仿《泡泡堂》开发《QQ堂》。初期完全冷启动，数据惨淡。但他们没放弃，坚持每月迭代，密集打磨用户体验。结果，一年之后，《QQ堂》反超《泡泡堂》，《穿越火线》打下射击游戏江山，《王者荣耀》则成为全民现象级手游。

到 2024 年，仅腾讯游戏本土市场收入就超 1300 亿元，海外收入也破 580 亿元。执行力、产品力、用户洞察力，样样不差。

从实践走向研究：腾讯的"氧气项目"

带着对"高绩效之源"的好奇，自 2018 年开始，腾讯人力资源团队对它的两大王牌部队，也进行了一次系统研究，试图弄清楚：这些高绩效团队，到底做对了什么？其他团队能从他们身上学到什么？

项目由前绩效管理团队负责人陈韵和腾讯高级顾问、马里兰大学廖卉教授联合主持。项目目标很明确：

※ 不是看领导气质、风格这些抽象词汇，我们要找出"做对的动作"；

※ 不是凭感觉拍脑袋，我们要用数据说话；

※ 不是为专家建模而建模，我们要帮业务"用得上"。

一句话总结就是：找出那些"管理做得好的团队"，他们的负责人每天到底在干什么。我也有幸在 2020 年中加入该项目，接手了项目后半程的工作。

怎么做？五步走，干到底。

我们用了"定性＋定量"的混合研究法，对腾讯内部约 500 个团队、近万人进行了深入访谈与问卷采集，并结合业绩数据做行为归因。

整个项目历时三年，分为五大阶段（见图 1–2）：

※ 明确研究目标（文献及标杆实践研究）；
※ 筛选高绩效样本（管理者及员工访谈）；
※ 提炼关键管理行为（数据分析）；
※ 建立行为模型与测评工具（高绩效团队建模）；
※ 推出能力提升路径（落地实施）。

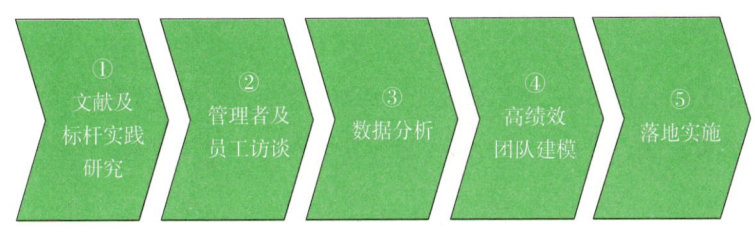

▲ 图1-2 高绩效团队研究的五个阶段

这个项目甚至在内部也被昵称为"管理者行为大体检"，我们不是在找"理想型管理者"，而是在找那些"让团队真的跑起来"的管理方式。

在整理海量数据的过程中，我们听到很多真实又有趣的表达，比如：

※ "我不关心你是不是'领导范儿'，我就想知道，你平时怎么让大家往一个方向使劲的？"

※ "你有流程没用，关键是那流程是不是能帮我少走弯路，不然就是个框。"

※ "机制不是用来卡人的，是帮我们不拍脑袋也能做出好决策。"

正是这些"真实一线语录"，让我们不断确认：高绩效管理，是一件可感知、可描述、可教会的事。

最终，我们沉淀出腾讯版本的"氧气项目"研究成果—— 4T管理行为模型。

接下来，我们就一起来看看，这套模型到底讲了什么？又怎么帮我们提升组织效能？

腾讯高绩效团队 4T 管理行为

4T 管理行为模型

历经 3 年深度研究，腾讯研究团队从 500 多个团队的真实管理样本中，提炼出一套可复制、可推广的高绩效管理方法论——"4T 管理行为模型"，如图 1-3 所示。

▲ 图 1-3 腾讯高绩效团队 4T 管理行为模型

这套模型不仅源自腾讯自身最优秀团队的真实管理实践，更经过数据验证、行为归因和跨事业群通用性测试，具备极强的实用价值与理论支撑。

4T，即代表四类关键行为，分别是：

※ Target（明方向）；

※ Teambuilding（建团队）；

※ Thrive（助成长）；

※ Take（勇担当）。

它们分别从目标设定、团队建设、员工发展和责任担当四个维度，揭示了高绩效管理者的核心行为机制。值得注意的是，每一个"T"都不仅仅是口号，更是由一组具体、可操作的行为细节组成的。

让我们从"明方向（Target）"开始讲起。

明方向：点燃团队引擎的第一把火

很多管理者认为设目标就是拍脑袋定KPI，高绩效管理者可不是。他们更像一位点火师，善于设定那种"踮起脚尖也能够得着"的挑战。他们不仅明确"打哪儿"，更清晰"怎么打"。更重要的是，他们能用清晰的语言、反复的沟通，把目标讲进人心，唤起团队的集体渴望与内在驱动力。

也就是说，他们擅长做到三件事：定目标、做策略、通目标。

※ 定目标：这是点燃团队斗志的火种。一位受访者说得好："好的目标，不是画大饼，而是能点燃希望。"那种既令人热血，又能望见彼岸的目标，才最有力量。

※ 做策略：这是铺设达成路径的基石。"有目标还不够，你得让人相信它能实现。"一位管理者形象地说："没有策略的目标，就像拿着藏宝图，却不知从哪儿下手一样。"

※ 通目标：管理者要把目标"讲进人心"，而不是挂在墙上。"目标要讲到让人觉得'不做不行'，讲到心里去。"在腾讯期间，有一次目标沟通让我印象尤为深刻。一位中层管理者在某次业务规划会议上，没讲KPI、没播PPT，而是现场在白板上手绘了一张"北极星目标图"，用它讲清楚了"我们要去哪、怎么去、为什么现在就要去"这三个灵魂问题。结果，团队成员不仅听懂了，还当场有人红了眼眶被感动到落泪——这就是"目标通透"的力量。

建团队：不是凑人，是构造

方向有了，接下来得造船。

高绩效管理者深知，"团队不是凑人，而是构造"。他们懂得梯队搭建的重要性，也擅长建立支撑自运转的机制，更在意营造正向、真实、有张力的团队氛围。

建团队，具体表现为三个行为：搭梯队、建机制、造氛围。

※ 搭梯队：很多管理者怕换人，怕伤感情，怕"开人"落口实。高绩效者则很清楚，团队就是逆水行舟，不进则退，拒绝进步的人必须离场。在这一点上，管理者确实"心要狠"，所谓慈不掌兵就是这个道理。

※ 建机制：高绩效团队不是靠人拉扯，是靠机制运转。"有机制，就不怕人事更替。"不会人走茶凉，才能实现组织绩效的确定性。

※ 造氛围：造氛围不是吃吃喝喝和打打闹闹这样的表面热闹，而是真敢在复盘会上说出"我搞砸了"。腾讯某游戏项目延期后，团队搞了次"复盘晚会"——每人必须讲三件"我做得不好的事"，没人指责，只有共情。这，就是团队的真实与温度。

助成长：成长不是放养，是养成

有了方向，也有了团队，接下来是"人能不能成长"的问题。

很多管理者以为"放手"就是"放养"，结果下属要么迷茫、要么撞墙。高绩效者懂得：成长不是讲情怀，而是做动作。他们会为下属提供空间、指导和成长环境。

※ 给空间：一位技术负责人说："真正的授权不是'随便你干'，而是'我相信你干得成'。"这是一种"我看见你"的温暖支持。

※ 给指导：不是指出问题，而是陪你踩坑。高绩效管理者能站在专业角度，做业务上的"教练"，而非只是道德说教者或指手画脚的"司令"官。

※ 促学习：某设计团队每周五下午固定有一个"知识饭桌"，大家轮流分享小工具、小技巧，三个月后，新人也能上手挑大梁。学习氛围，从来不是制度推出来的，是管理者在点滴中带出来的。

勇担当：关键时刻，先上一步的人

最后一个"T"，不是外功，而是内力。

真正的高绩效管理者，往往是在关键时刻"先上一步"的那个人。他们能扛住上面的压力、接住下面的火力，面对结果敢拍板、遇到问题不逃避。

※ 能扛事：企业微信的某位管理者，在一次系统崩溃中协调5个部门，连夜保障客户体验，事后主动揽责、挡在团队前面——这就是压舱石。

※ 有追求：不断挑战自己边界，对行业趋势永远充满好奇，是团队的"能量源"。

※ 善推动：别小看"推动"这件事，它代表着你能否调动组织资源。在腾讯，能推动事情向前的人，才是真正的管理中坚。

如果说"高绩效团队"是一架高速飞行的飞机，那么"助成长""建团队"是两翼发动机，"明方向"是导航仪，"勇担当"是驾驶员，它们共同驱动高绩效团队在空中翱翔。如果用一个公式表示，则会是：

4T管理行为 = 外修团队（明方向、建团队、助成长）+ 内炼自我（勇担当）

真正的组织效能，不是靠口号塑造出来的，而是一个个细节动作"堆"出来的。所谓高绩效，说到底，是一种"日常管理的高级感"。

在梳理出了高绩效团队的4个行为大项及12个行为子项之后，为了进一步让管理者对高绩效团队管理行为一目了然，研究团队还识别出了具体的21个管理行为，它们共同组成了腾讯高绩效团队4T管理行为全表，如表1-1所示。

▼表1-1　腾讯高绩效团队4T管理行为全表

行为大项	行为子项	管理行为
明方向 Target	定目标	设定所有人都要踮起脚尖才能够得着的团队目标
	做策略	围绕团队目标制定清晰的实现路径和打法
	通目标	及时沟通和传递团队目标，让大家理解目标背后的价值和意义

续表

行为大项	行为子项	管理行为
建团队 Teambuilding	搭梯队	在人员选拔上保持高标准，持续引入优秀人才
		及时汰换团队中的不胜任人员
	建机制	建立简单清晰的团队决策机制，帮助团队自运作
		建立顺畅的沟通机制和信息共享机制，让信息在团队内自由流动
	造氛围	和团队成员平等相处，没有架子
		鼓励大家积极表达不同意见，不做一言堂
助成长 Thrive	给空间	提供工作的自主性，不做微管理
		关注成长和发展，下属有施展空间
	给指导	当下属在工作中遇到专业难题时，能够发挥业务优势帮助解决难题
		及时认可做得好的方面
	促学习	鼓励团队成员进行方法沉淀或工具制作，不断提升工作效率和做事效果
		鼓励大家互相分享和向外部学习
勇担当 Take	能扛事	不把来自上面或者周围的压力用焦虑、消极的方式传递给下属
		团队攻坚时和大家一起撸起袖子干活
	有追求	保持好奇心，不断学习行业或本专业领域的前沿知识
		在如何完成任务上寻求很多的新方法，不满足现状
	善推动	做事果断，追求迅速行动拿结果
		善于联动外部资源，推动跨团队合作

6 个关键发现：高绩效管理者的秘密都在这了

构建完"4T 管理行为模型"之后，我们最关心的问题是：它真的有用吗？管理行为模型不是写出来看的，而是要能解释团队的活力、战斗力、绩效，甚至能影响员工的敬业度和满意度。因此，项目组继续推进实证研究，并最终识别出 6 个关键发现——它们让枯燥的管理方法论顿时变得活灵活现起来。

关键发现 1：兵熊熊一个，将熊熊一窝，管理行为决定团队活力

有这么一部电视剧，它曾经直接启发了阿里 HR 体系的构建，阿里甚至因此把它的 HR 直接叫作"政委"；它还显著地影响着华为，华为创始人任正非在内部多次管理讲话中，提及其中的主人公李云龙、赵刚，号召管理者要善待李云龙型业务主管。这部电视剧，就是《亮剑》。

在《亮剑》中，政委赵刚和李云龙有一段精彩的对话：

> 赵刚：我明白了，一支部队也是有气质和性格的，而这种气质和性格是和首任的军事主管有关，他的性格强悍，这支部队就强悍，就嗷嗷叫，部队就有了灵魂，从此，无论这支部队换了多少茬人，它的灵魂仍在。

> 李云龙：兵熊熊一个，将熊熊一窝。只要我在，独立团就嗷嗷叫，遇到敌人就敢拼命，要是哪一天我牺牲了，独立团的战士也照样嗷嗷叫。我就不相信他们会成为棉花包，为什么呢？因为我的魂还在！

这段对话，曾激励着无数团队管理者，使他们相信：作战型团队的成功，在于管理者自身，他们身上的担子有千钧重。

然而，从组织科学的角度去看，这句话究竟成不成立呢？

在腾讯游戏事业群的一次季度复盘会议上，某个团队连续两季度业绩平平，团队情绪也一度低迷。直到他们换了一位新的管理者——他没带新资源，也没换人，仅仅是在头两周定下清晰目标、重塑周会机制、安排 1 对 1 沟通。短短一个月，团队气氛焕然一新，业务节奏也重新跑了起来。

"我其实什么也没做，只是把发动机重新点燃了。"这位新上任的管理者后来形象地说。

这个故事背后的秘密，也正是腾讯高绩效团队研究想要回答的问题之一：管理者的行为，是否真的能重塑一个团队的状态？

研究团队将"团队活力"定义为团队成员对业务方向有信心、对组织氛围有归属、对成长回报有盼头，具体体现在三个指标上：业务信心、氛围凝聚、成长感知。

结果发现：管理者的 4T 管理行为，几乎决定了团队活力的全部（能够解释 90% 的团队活力变化）（如图 1-4 所示）。换句话说，一个团队有没有"精气神儿"，90% 靠管理者怎么带。这一发现也从科学的角度证实了前面《亮剑》电视剧里的论断。

我们常说："一将无能，累死三军。"通过腾讯的专业研究，这句话不再是经验之谈，而是上升到了有数据支撑的科学洞察高度。对一个团队来说，确实是"将熊熊一窝"。这意味着，一个团队是否有朝气、有干劲，关键在于它的管理者。

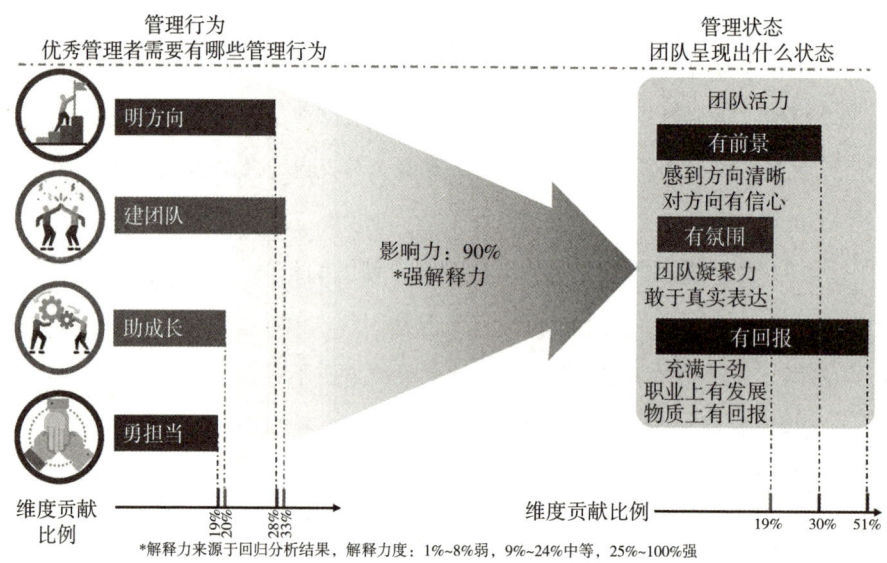

▲ 图 1-4　4T 管理行为与团队活力关系图

而在四个维度中，"建团队"和"明方向"对团队活力的解释力最高，撑起了团队活力的半壁江山（合计贡献超过 60%），基本决定了"有没有劲儿""愿不愿跟随"。

关键发现 2：管理行为越好，团队绩效越强

对一个组织来说，最终目的是要能打胜仗，这体现在它的组织绩效上。对管理者和绩效的研究综述显示，管理者直接影响大约 15% 的组织绩效差异，并通过战略选择影响另外 35% 的组织绩效差异。这意味着，管理者直接和间接地造就了 50% 的组织绩效差异。

在腾讯某业务线，有这样一个现象引起了我们的注意：两个部门业务模式相近、资源配置相当，但团队 A 业务总是快人一步、交付质量更高，员工还普遍更有冲劲。而团队 B 则常常"慢半拍"，士气低、加班多，绩效却不见起色。

经过对比分析，发现二者唯一的区别，是管理者的不同。

于是，研究团队把两位管理者的 4T 管理行为进行量化评估，发现 A 团队的管理者在"明方向"和"勇担当"上的得分明显高于 B 团队，而这正是两个团队绩效差距的关键。

更进一步，研究团队将团队绩效定义为三个维度的组合：当前业绩、团队实力（如抗风险能力）、团队创新力。通过近万个样本数据回归分析后发现，4T 管理行为与团队绩效呈显著正相关，如图 1-5 所示。

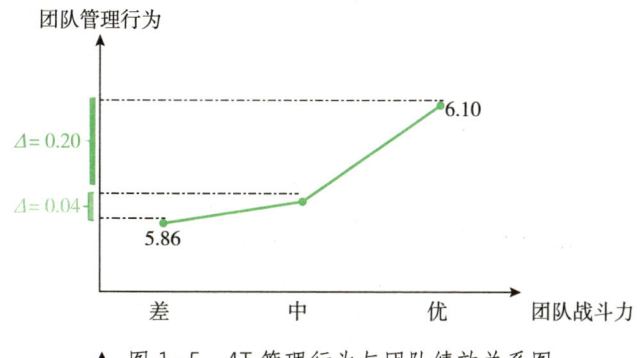

▲ 图 1-5 4T 管理行为与团队绩效关系图

也就是说，管理行为做得越扎实，团队战斗力越像打了鸡血一样往上涨。有趣的是，这种增长趋势并不是线性的，从低绩效到中绩效这一段折线较为平

坦，而从中绩效到高绩效这一段折线则较为陡峭。它的含义是：一个管理者想把团队从"拖后腿"状态拉到"勉强合格"的水平，其实没那么难——几个关键动作到位，效果就能立竿见影；但要冲进"高绩效"阵营，管理者就真得下点苦功了。

换言之，在从一般管理者进化到高效管理者的过程中，存在一道"质变门槛"：只有当管理者功力超越某一拐点后，团队绩效才会发生跳跃式提升。

更深入的分析表明，4T管理行为的四个维度中，"勇担当"所需付出的努力尤其多，当然，也尤其困难。这从一个侧面表明，管理者自身的管理素质也是十分重要的。有人生而刚毅有担当，有人生而怯懦怕担事。好在，后天的努力可以战胜先天的缺陷。王侯将相，宁有种夫？

我们还将那些被标识为高绩效的团队和低绩效的团队在4T管理行为各维度的得分进行了对照，结果如图1-6所示（图中所标识的4T管理行为得分满分为7分）。

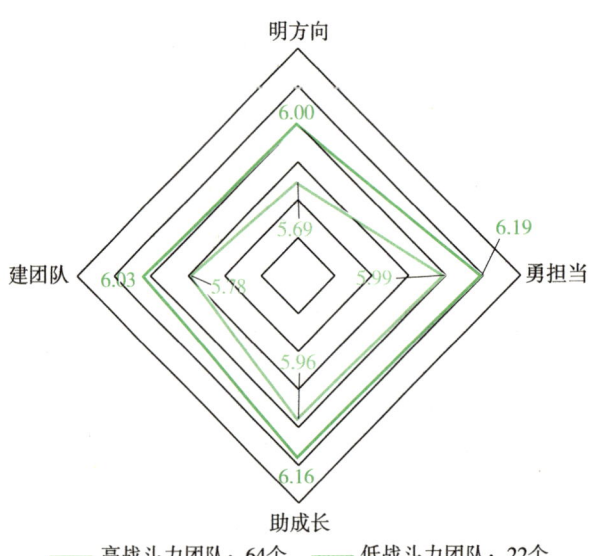

▲ 图1-6　高/低绩效团队4T管理行为对照

雷达图一出来，高下立判。高绩效团队的管理者在每个维度几乎都碾压了低绩效团队的管理者。

关键发现 3：管理行为越好，管理者绩效越好

很多管理者常有这样的疑问："我每天花这么多时间在 1 对 1 沟通、做复盘、调机制，会不会影响业务推进？这些'软活儿'，真的有用吗？"

这个问题很现实。毕竟，在高强度的业务节奏中，管理者的惯常思维就是："先把事情做完，管理的事以后再说。"但腾讯的研究用数据给出了明确回答：管理行为，不仅不会耽误团队绩效，反而是提升团队绩效的关键力量。

在长达 3 年的追踪研究中，研究团队梳理了数百位管理者的 4T 管理行为表现，关联他们当期绩效和未来两次绩效评分（见图 1-7），发现：

※ 当前 4T 管理行为表现越高，管理者当期绩效越好；

※ 更重要的是，4T 管理行为达标以上的管理者，其未来两轮绩效表现也显著优于其他人。

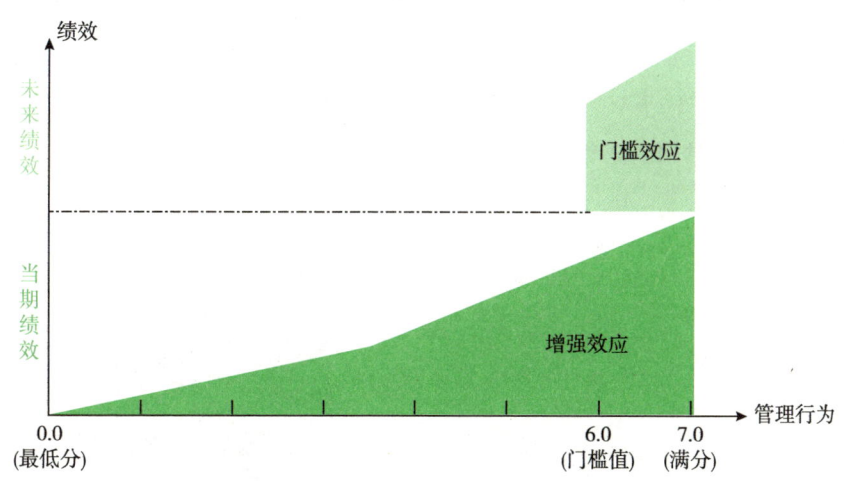

▲ 图 1-7 4T 管理行为与管理者绩效关系

研究人员在这里发现了一个很有趣的"门槛效应"：

如果一个管理者的行为表现还处于"平均线以下",那么管理行为对未来绩效的预测力并不强;但一旦他的行为表现超过某个"关键点",就像打开了一扇门——团队开始起势、管理进入飞轮。

这就像一个隐藏的"管理护城河":

真正优秀的管理者,不是靠一次业绩冲刺赢得认可,而是靠日复一日的高质量管理行为,构筑起可持续绩效的基本盘。

所以,管理行为修炼颇有些厚积薄发的意味,那些看似不起眼的管理动作——复盘机制、员工成长计划、愿景沟通、边界协调……都是你"长期绩效"的投资,而非消耗。

关键发现 4:"明方向"和"勇担当"对团队绩效影响最大

在一次调研中,我问一位游戏主策:"你觉得一个好的管理者,最重要的能力是什么?"他没多想,说了两个字:拍板。"项目做不做、做成什么样、何时上线、出了问题谁顶?这些都得有人说了算。"这番话,听起来简单,但背后正是腾讯高绩效团队研究中揭示的一个关键结论:团队能不能打胜仗,最重要的,不是你有没有资源,而是有没有人能定方向、敢担责任。

我们在大量样本对比中发现:在 4T 管理行为中,"明方向"与"勇担当"这两个维度,对团队战斗力的解释力最高——合计影响力超过三分之二,如图 1-8 所示。

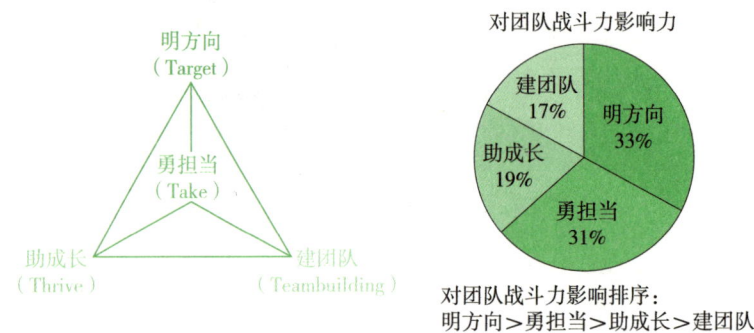

▲ 图 1-8　4T 管理行为对团队绩效贡献度

具体来说,"明方向"让团队有清晰的目标感、路径感与价值感,是"为什么干"和"干成什么样"的牵引力;而"勇担当"则是团队真正的主心骨,它让团队成员在遇到困难时,不会四散逃离,而是相信"上面有人顶"。

在实际操作中,这两个维度的协同也最为关键:

※ 一个愿景感拉满但不能承担落地压力的管理者,会让团队陷入"空转";

※ 而一个能抗事但没有清晰方向的管理者,又极有可能带着团队"很忙但不明白在忙什么"。

最理想的状态,是两者兼具。

关键发现 5:4 大管理行为直接影响团队敬业度和员工满意度

管理,不只是管业绩,更是管人心。

我们常听到这样的抱怨:

※ "团队最近有点涣散,开会没人说话,干活也没热情。"

※ "我感觉大家不是干不好,是不想干了。"

这些表面上的"情绪问题",其实背后往往是"管理动作不到位"导致的组织信任感下降。腾讯每年会在公司层进行一年一次的敬业度和满意度员工调研,把它作为对组织的一次例行体检,以帮助管理者发现组织中存在的问题。腾讯敬业度和满意度共包含七个关键维度,被称为 3S+4G 模型,如表 1-2 所示。

▼表 1-2 腾讯敬业度和满意度调研维度

3S	4G
Say:我愿不愿意向别人推荐我现在的团队? Stay:我愿不愿意留下? Strive:我愿不愿意更努力去做得更好?	Great Boss:我觉得主管怎么样? Great Job:我的工作是否有意义? Great Reward:我觉得激励是否合理? Great Team:我是否喜欢和这个团队一起共事?

模型如图 1-9 所示。

Say：乐于宣传　　**Stay：乐于留任**　　**Strive：乐于努力**

Great Team
- 团队成员能力
- 团队成员关系
- 心理安全
- 团队士气
- 目标一致

Great Job
- 工作压力
- 工作成就感
- 工作挑战性
- 工作授权感

Great Boss
- 高层管理者
- 中层管理者
- 基层管理者

Great Reward
- 薪酬
- 绩效
- 培训成长
- 职业发展
- 福利

▲ 图 1-9　腾讯敬业度和满意度模型

研究团队将这套 3S+4G 模型测出来的敬业度和满意度数据，与 4T 管理行为进行了相关性分析（见表 1-3），发现：管理做得好，不光是让人"干得动"，更让人"愿意干、开心干"。

▼ 表 1-3　4T 管理行为与腾讯敬业度及满意度相关性分析结果

	腾讯敬业度指数			腾讯满意度指数			
	Say	Stay	Strive	Great Boss	Great Job	Great Reward	Great Team
明方向	.34**	.38**	.42**	.46**	.43**	.46**	.50**
建团队	.35**	.34**	.41**	.45**	.41**	.44**	.50**
助成长	.32**	.37**	.42**	.41**	.40**	.45**	.46**
勇担当	.34**	.35**	.45**	.44**	.42**	.45**	.47**

注：数字表示相关系数，** 表示强相关

回归分析则发现，4T 管理行为对团队敬业度和满意度的解释力度达 1/4，属于强解释力，如图 1-10 所示。这一解释力数据的意义，简单来说就是，管理者把 4T 管理行为做得越好，员工的敬业度和满意度也越高。这关系不仅成立，而且还挺强。

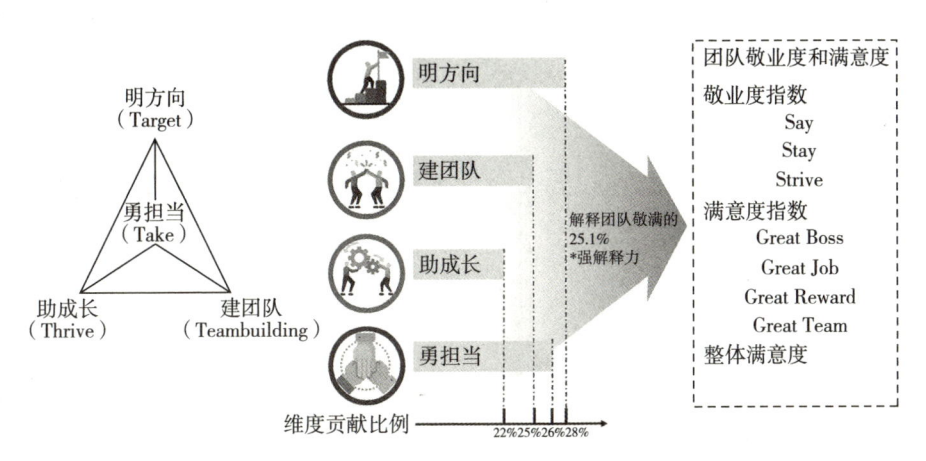

▲ 图 1-10　4T 管理行为与团队敬业度和满意度关系

关键发现 6：不同团队类型对 4T 管理行为有不同侧重

如果说前面的发现告诉我们"4T 管理行为普适有效"，那么第六个关键发现，则提醒我们：虽然 4T 管理行为对团队整体而言都很重要，但不同类型的团队，在四个维度的管理侧重点会不一样，管理要因地制宜。

在腾讯，不同团队形态有明显差异。研究团队主要选取了三种典型代表进行分析：

※ 技术团队（如平台研发、基础架构）；

※ 产品团队（如微信读书、微信公众号等产品）；

※ 设计团队（用户界面设计、视觉创意类岗位）。

通过对这三类团队的 4T 表现与团队绩效之间进行回归分析，研究团队发现了非常有趣的结果，如图 1-11 所示。

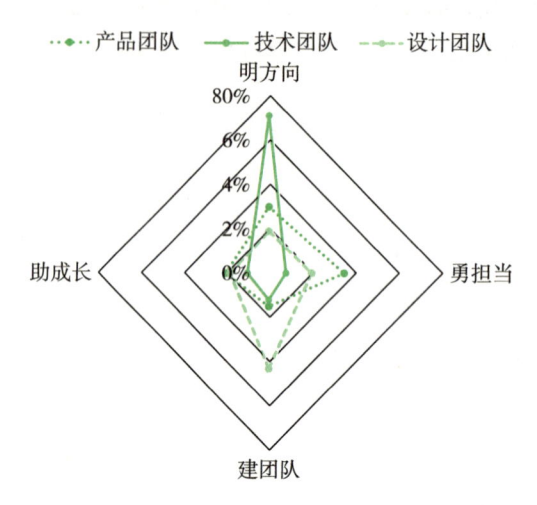

▲ 图1-11 4T管理行为对不同团队的影响力

技术团队：最看重"明方向"

技术人并不喜欢"拍脑袋"的管理。相反，他们非常看重逻辑闭环和清晰目标。一位后台技术负责人说："最怕那种只会喊口号的管理者，只说要什么，不讲为什么和怎么做。"对他们来说，管理者要想"带得动"，就必须在目标设定与策略拆解上下功夫。因此，技术团队中，"明方向"是最关键的4T管理行为，其次是"建团队"。在这里，4T影响力排序是：明方向＞建团队＞助成长＞勇担当。

产品团队：最看重"勇担当"

产品人要跨团队沟通，跟技术吵、跟设计磨、跟老板对齐、跟市场打配合……"不敢拍板、不愿兜底"的管理者，在产品团队里是无法服众的。因此，在产品团队中，"勇担当"是最关键的能力，它代表着判断力、资源力与推进力，其次才是"明方向"。在这里，4T影响力排序是：勇担当＞明方向＞助成长＞建团队。

设计团队：最看重"建团队"

设计师是感性人群，创意灵感很大程度来自氛围营造。"一个敢说真话、能接住情绪、有文化张力的团队，才能让设计出精品。"在设计团队中，"建团队"是最重要的行为，其次是"勇担当"。反而对"助成长"的要求没那么高——因为设计成长多靠自我沉淀。在这里，4T影响力排序是：建团队＞勇担当＞明方向＞助成长。

这项发现的现实意义在于：高绩效管理团队虽然具备共性，但是不同类型的团队也存在差异性，它们不是一个模子刻出来的，而是基于团队特性"打磨"出来的。因而，你不需要"四项全能"，各个维度一般好就好。但你必须清楚：你的团队，需要你在哪一项上做到尺有所长，在哪一项上做到寸有所短。技术负责人要重点关注"图纸清不清"，产品负责人需重点看他"敢不敢带头冲"，设计负责人则需看他和团队的"气场对不对"。业务特点不同，管理重心就会不一样，管理者要基于模型找到各自的"C位行为"。

通过这一发现，我们也能更清楚地解释一些管理现象。例如，为什么OKR在技术团队中尤其受欢迎？其实这是因为对技术团队而言，管理者能否指明方向对团队绩效尤其重要。而在产品团队中，能否选出一位有担当精神的主管则更为重要，在这一基础上，再去为团队指明方向。

由于腾讯主要是以产品、技术和设计三种类型为主，因此我们没能分析销售型团队在4T管理行为各维度的差异。我们推测，销售团队的四大管理行为中，对团队绩效的影响由强至弱的排序应当是：勇担当＞明方向＞建团队＞助成长。感兴趣的读者，可以在你们的组织中对此进行校验。

4T 管理行为的应用及启示

研究终究是为了实践服务的。

腾讯高绩效团队研究项目在提出 4T 管理行为模型之后，并没有止步于"理论成果"，而是走上了另一条更具挑战性的路：如何把这些关键行为，从 PPT 上的模型，变成每位管理者每天可见可感、可用可改的"管理动作"？于是，腾讯开始在多个业务条线推动 4T 管理行为模型的落地转化。

4T 管理行为在腾讯的落地之路

第 1 步：让管理者听得懂

项目团队做的第一件事，是让管理者"听得懂"这个模型。我们用浅显但贴合场景的方式，逐项解释 12 个关键行为。不用"绩效管理系统性方法论"这类术语，而是讲"你是不是定了一个团队都愿意拼的目标？"；不说"组织氛围机制建设"，而是问"你最近有没有听见团队有人敢说'我觉得我们方向不太对'？"。这样的语言转译，让模型不再高冷，而更像是管理者在茶水间里能聊两句的"管理话题"。

第 2 步：让管理者看得见

听懂之后，还要让管理者"看得见"自己在哪儿。

项目团队开发了一套内部"团队测温工具"，管理者可对照 12 个关键行为，对自己和团队的管理状态进行评估。比如：

※ 你的目标设定是否"有挑战但可实现"？
※ 团队成员是否觉得能表达真实意见？
※ 你有没有为新人安排成长导师？
※ 在最近一次项目危机中，你是最后走的那个人吗？

这些问题，用来让管理者自我体检、发现盲区，也为后续成长提供依据。

第 3 步：让管理者用得上

管理者最常见的困惑是："我知道做得不够好，但不知道该怎么做才能做得更好。"为此，项目团队围绕 4T 管理行为，开发了匹配的"行为改善工具包"，包含：

※ 案例讲解：拆解微信、游戏团队的真实做法。
※ 动作建议：针对 12 个关键行为都有"提升建议表"。
※ 行动计划模板：帮助管理者制定周期性行为改善计划。

对发现的每一个行为短板，都有相应的改善建议。例如，对"通目标"不清晰的管理者，推荐"一图讲目标"法，即绘制一个包含目标路径、关键节点、风险点的"北极星地图"。对"造氛围"薄弱的管理者，推荐"沉默会议"机制：每次团队会前 10 分钟静默书写各自想提的问题，再匿名投出。这些"工具"不是硬套模型，而是帮管理者找到可实践的"第一步"。

第 4 步：让管理者改得动

腾讯最终希望的，是这些行为能够被"内化"，变成管理者的肌肉记忆。所以，我们没有把 4T 管理行为模型做成"硬指标"，而是尝试把它作为"成长指南"内嵌进各大主流程中：

※ 新晋管理者培养体系；
※ 高潜人才晋升评估标准；
※ 管理培训课程结构；
※ 各事业群内的管理"复盘问诊工具"。

管理者非常欢迎这一非强制指标指派的改进方式。自模型发布以来，腾讯多个事业群将其自发作为管理研修标准。多个中层管理者反馈："以前管理是跟着感觉走，现在开始有科学方法指导，也知道该怎么系统地补管理短板了。"

4T 管理行为给本土组织科学增效提供了依据

有人说，管理是一种天赋，是一种艺术。但我一直相信，好的管理，其实是一种"反复做对小事"的能力。

4T 管理行为源自腾讯的高绩效团队，是基于海量一线数据，结合严谨研究方法提炼出的关键成功因子。它不仅刻画了优秀管理者的"行为画像",也为本土企业提供了一套系统化、可验证、能落地的组织增效参考框架。

它不是一套唯一解,却是一张值得信赖的"管理地图":

※ 当你觉得团队动力不足时,也许该回头看看"明方向"是否清晰;

※ 当你觉得人浮于事时,或许是"建团队"出了机制问题;

※ 当你发现人才留不住时,试试问问自己"助成长"是否真落到了动作;

※ 而当一切都推进不畅时,很可能,"勇担当"还不够到位。

这正是 4T 管理行为的意义所在:它不试图塑造完美管理者,而是帮助真实管理者,看清自己在哪儿、该往哪儿去、该怎么走。如果你愿意把 4T 管理行为模型当作一面镜子,它不会强迫你改变,却会在你每一次犹豫、挣扎、想要"做点不一样"的时候,提供一个有力的参照。

正如我们在腾讯看到的——最真实的改变,不是从外部灌输的,而是从管理者心中萌发的一句:"或许,我可以从现在开始,做点不一样的事。"

第二章

远程团队增效五力模型

在第一章中，我们看到腾讯如何像谷歌一样，发扬管理的科学精神，立足其最具代表性的两个王牌部队——微信事业群与游戏事业群，系统研究并提炼出高绩效管理者的4T管理行为模型。

这个模型让我们初步看清了：优秀的管理者都做对了什么。

但问题还没有结束。我们仍需追问：当成员不再共处一室时，这些管理行为是否能继续奏效？

你或许听说过"走动管理"——管理者拎着茶杯四处走动，靠视觉与直觉管理团队的一切风吹草动。

可在远程环境中，"走动"变得不易，信息越来越碎片，氛围感渐渐塌缩，管理的"直觉雷达"也日渐失灵。

此时，组织如何"起跑"？管理者靠什么实现真正意义上的高绩效协作？

这，正是我们在本章要回答的问题。

从"走动管理"说起：当管理者还能拎着茶杯转悠时

在"管理靠吼，领导靠走"的时代，惠普曾是全世界羡慕的样板间。

作为惠普公司的创始人，戴维·帕卡德将惠普管理的核心凝练成一句话："走动管理"（Management by Walking Around）。简单说，就是别坐在办公室看报表了，走出去，和员工聊聊天，听听现场的声音。

这不是一句口号，而是写进了"惠普之道"的管理守则。你会看到管理者在走廊上与员工搭话，在茶水间和项目经理聊项目，在会议室门口顺嘴问一句："你最近卡在哪儿了？"

为什么这招管用？因为管理的本质，是连接。走出去，才听得到现场的声音；动起来，才看得见问题的根源。一个好管理者不是只看数字和KPI，而是用脚丈量组织，用耳朵感知氛围，用身体融入一线。

这个理念深刻影响了中国企业，尤其是华为和阿里巴巴。

任正非说："管理干部要眼睛盯着客户，功夫下在现场。"我 2008 年在华为担任管理者时，上级天天提醒我："别当坐班干部，要多走动。"为此，华为甚至专门在园区内设置了穿梭巴士，每 5 分钟一班，方便管理者"跨园区走动"。

在阿里，"走动管理"有了一个更具烟火气的名字——"闻味道"。马云的得力搭档彭蕾，会毫无预告地走进任何一个会议室，亲自感受"阿里味儿"还在不在：空气中有没有激情？有没有人拍马屁？大家敢不敢说真话？

"走动管理"的核心，在于打破组织中无形的墙，让管理者与团队的连接真实、自然、流动。它代表着一个时代的管理智慧，也是一种依赖物理空间的协作理想。

但问题是：当空间渐渐模糊，管理者还"走得动"吗？

"走不动"的管理时代来了：当你"动"不了时，管理还怎么有力

"多走动"这条金科玉律，在远程办公时代，遇上了麻烦。

一切要从麻省理工的托马斯·艾伦说起。他发现，哪怕两个团队成员亲如兄弟，只要座位超过 8 米，交流频率就会直线下降。于是，他画出了一条著名的"艾伦曲线"，如图 2-1 所示。这一发现在理论界引起了广泛关注。

艾伦曲线告诉我们：随着距离增加，沟通意愿和频率急剧下滑；超过 8 米，就像设了一道"沉默边界"。这条曲线，在今天的远程协作中，变得触目惊心。我们不是远了 8 米，而是 80 公里、800 公里，甚至 8000 公里。

尤其是疫情之后，全球迅速迈入"云上办公"时代。惠普式"走动管理"还没来得及应对，就被新一轮变革推上风口浪尖。看看华为的例子就知道：

▲ 图 2-1　艾伦曲线

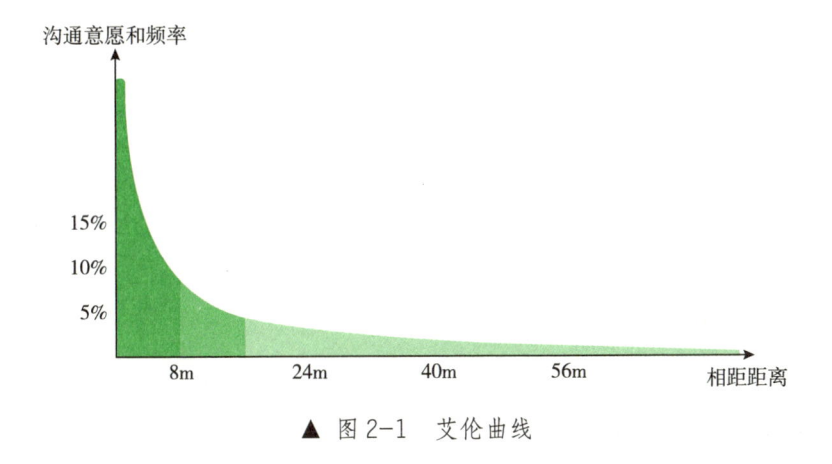

如今，华为拥有 20 万员工，业务覆盖全球 170 多个国家和地区，仅在中国就有 10 大研究所分布在 10 个城市。分布如此广泛，管理者若真想"走到现场"，光是交通成本就让人望而却步。

早在 2015 年，华为就察觉到这种分布式组织的隐患，内部将这类团队称为"碎片团队"。这些团队成员因为与主管不在同一地点，不仅信息更新滞后，而且更容易陷入情感疏离。我曾经做过一次碎片团队与总部团队的心理健康对比分析，结果令人警醒：碎片团队中抑郁、焦虑等心理问题的发生概率，显著高于总部团队。

腾讯的情况也如出一辙。以腾讯云事业群为例，其总部设在深圳，但总部人员只占了总员工数的 52%，其余人员广泛分布在北京、西安、成都、上海、杭州等地。人员"碎片化"已成常态，传统管理"走近现场"的路径越发困难。

这种困境并非个例，而是整个时代的趋势。麦肯锡全球研究院（MGI）在对 9 个国家、800 种职业、2000 余项工作内容的分析中发现：

※ 在发达经济体中，超过 20% 的劳动力可以每周 3~5 天远程办公，且不损失效率。

※ 金融、保险、IT、管理类岗位云上办公潜力最大，最高可达 75%。

※ 从国家层面看，英国远程办公潜力最高（50%），美国次之（22%），新

兴经济体则在 12%~21% 之间。在发达经济体中，20% 以上的劳动力能在保证工作质量的情况下远程办公。

而在国内，变化也在悄然发生。2022 年起，携程率先推行"3+2 混合办公制"，每周 3 天到岗、2 天远程。《哈佛商业评论》追踪研究发现：携程远程办公后，不仅业绩提升了，员工离职率还下降了 1/3，为公司带来数千万元的间接效益。

种种迹象表明，云上办公乃大势所趋。

所有这些都在说明一个现实："走不动"的时代真的来了，"走动管理"的魔力正在减弱。

于是，问题来了：当管理者不再能"走近"，我们如何建立连接？当组织日益"无疆界"，我们又该如何有效管理它们？

领导力一定要在现场吗

当我们不得不接受"走不动"的现实，随之而来的一个终极追问是：没有了现场，领导力还存在吗？毕竟，"走动管理"最初的目的，不就是为了让管理者的领导力产生更大效用吗？

但我们不妨从一个更底层的视角出发，去追问一个更本质的问题：领导力的第一性原理究竟是什么？

领导力的第一性原理是什么

从本质上讲，领导力其实就是一种"力"。既然是力，那它和物理世界的力，会不会有某种共通的逻辑？

物理学告诉我们，宇宙间所有复杂的相互作用，最终都可以归结为四种基本力：强力、弱力、电磁力和引力。它们支撑着整个宇宙的结构和演化，也恰好可以映射出管理者的四种领导方式。

我们按它们作用距离由近及远来逐一认识它们。

第一种力 & 第二种力：强力和弱力，距离太远就失效了

在自然界中，存在两种微观尺度的相互作用力：强相互作用力和弱相互作用力。它们都属于"贴身搏斗型"力量，只有在极小的距离内才会发生效应。

如图2-2所示，强力维系着原子核内部结构，只有在10^{-15}米（比一个原子核还小）以内才有效（图左），而弱力的作用范围更短，只有10^{-19}米（图右），一旦超过这个尺度，它们就如断电的电线，毫无影响力。

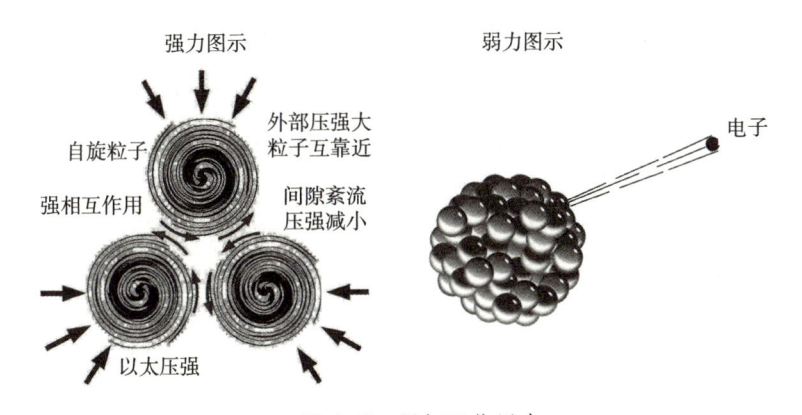

▲ 图 2-2　强相互作用力

在组织管理中，也存在这种"必须靠近才能生效"的领导方式：

※ 管理者一出现，团队成员立刻坐直身板，开始表演；

※ 管理者一离开，团队成员立刻松懈，"小群"里开始吐槽，"大群"里只剩已读。

这类领导力的本质，是一种近距离压迫力——靠临场震慑，靠眼神逼人，靠会议压强来驱动团队。

它有效，但只在你"在场"的时候有效。一旦拉远距离，它就如同原子间的强/弱力——迅速衰减，彻底失效。

这就是强力型领导：靠的是靠近，不是牵引。

第三种力：电磁力，带感的人才有吸引力

电磁力是一种有趣的力，它遵循"同性相斥，异性相吸"的规律，讲究的是匹配和感应。如图 2-3 所示，它的强度与电荷数量成正比，与距离平方成反比。

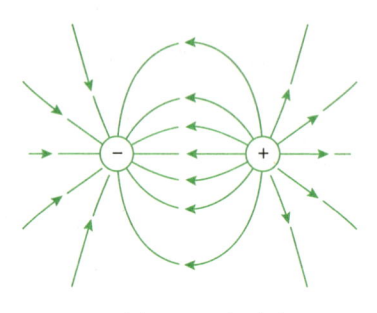

▲ 图 2-3　电磁力

你是不是也遇到过这样的管理者：

※ 明明职位不高，却能"带动一群人往前冲"；

※ 明明不常出现，却总能被人主动汇报、请教、追随；

※ 明明言语寡淡，却拥有某种"让人信"的磁场？

这类人拥有的是一种"电磁力型领导力"：靠认知、气质、态度、风格，形成一个看不见的磁场。他们能远程影响人、激发人、拉动人——哪怕不靠层级，不靠监督，只靠能量场的自然吸引。

他们不是"命令式"的推动者，而是"带感式"的引力源。

而你也一定见过"反例"：职位高、话很多、文件厚，却总是"带不动团队，推不动事情"。原因无他，因为他没有"带电"，没有磁场，影响力无法传导。

远程时代，一个领导者可以"离得稍远些"，但你不能没电。大家也不在乎你的位置有多高，但你必须有"场"。

第四种力：引力，不在现场也能产生牵引

自然界中最温柔、最稳定，也最强大的长期力量，就是引力。

地球离太阳1.5亿公里，但依然牢牢地被牵引在地日轨道上，日复一日地公转，如图2-4所示。太阳的引力悄无声息地影响着我们每一天的节奏：昼夜交替，四季轮回，潮涨潮落。

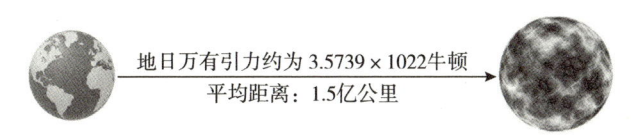

地日万有引力约为 3.5739×10^{22} 牛顿
平均距离：1.5亿公里

▲ 图2-4　地球与太阳之间的引力

真正的领导力，也应该像太阳那样——不在身边，却有方向；不靠干预，却能牵引；不需控制，却始终影响。

有些管理者几乎不参与日常事务，却能让团队始终维持节奏，保持敬畏、时刻追随。他曾定下的方向，成了团队的"公转轨道"；他讲过的语言，成了"团队语言"；他亲手塑造的文化和价值观，成了"组织的内在引力场"。

引力型领导力不靠督促、控制、流程，而靠使命、愿景、信仰与价值，长久作用于团队。

不在现场，照样有力

所以说：

※ 强/弱力要靠近才有效，靠的是近程压迫；

※ 电磁力中场也有效，靠的是"心灵"感应；

※ 引力，最远却最稳，靠的是无所不在的远程牵引。

你的领导力，属于哪一种类型？

※ 如果你离开一线，团队就像"失控皮球"，那你拥有的可能是"强力型"；

※ 如果你靠的是话语、人格、认知吸引人，那你拥有的就是"电磁力型"；

※ 如果你不在，但方向感、使命感仍牵引团队行动，你具备的就是"引力型"。

这个时代，远程办公、多地协同已成常态。管理者不能再依赖"在场"来施展影响力，而要靠电场、磁场、引力场。

你的领导力能否超越距离？你的领导力是靠盯人，还是能牵引人？

伟大的领导力就像太阳的引力一样：不喧哗，不压迫，不紧绷，却能日复一日，托起团队的运行节奏。

因此，我们说：领导力，不必在现场。

破解之道：远程团队增效五力模型

既然领导力不必在现场，那问题就变成了：当"靠近"不再奏效，我们还能靠什么？我的答案只有六个字：远程团队管理。

但请别误会，这绝不仅仅是"把线下会议搬到线上"那么简单。真正的远程团队管理，不是换个会议工具，而是换一种领导力结构；不是"人在云端"，而是"组织在云端依然有力"。

那我们用什么工具或方法去构建这种不靠距离，却能持续牵引的组织力量？这正是接下来要讲的核心内容。

无所不在的远程团队

可能会有人说，我的团队都和我在一个现场，我们不是远程团队。但远程，不只是"人不在身边"这么简单。它可以出现在三个维度上，如表2-1所示：

▼表 2-1 远程团队典型表现形式

维度	表现形式	举例
地点远	团队成员分布多地	华为全球研发中心、腾讯云多地团队
时间远	工作时间错峰	夜班/白班轮岗、小组跨时区协作
文化远	团队内部"圈子化"	同事虽在身边，但心却不在一起

我曾在华为带过一个典型的"碎片团队"，为赶项目进度，一部分人上白班，另一部分人上夜班。虽然理论上大家属于一个团队，但彼此几乎从未同时在线。渐渐地，两个班次就像两个陌生的小团体，各干各的，配合度和归属感都迅速下降。更诡异的是——这种"异步"的感觉，并不只存在于地理分散的团队里。哪怕大家都在一个办公室，只要彼此之间没有共同语言、没有共享目标，甚至因为"圈子"文化而缺乏信任，这样的团队，也早已是名副其实的"远程团队"。

这才是真正的问题——远程，不止于"身远"，更在于"心散"。

过去我们习惯了同步性：一个会议室里头脑风暴，当场拍板，下楼吃顿饭，拍拍肩膀继续干。但远程团队的本质是异步。信息传达滞后，决策周期拉长，心理连接容易断线，这些都在不断挑战传统管理的根基。

于是，有管理者开始焦虑："看不到团队的人，怎么管？"但我想说，真正有效的远程团队管理，不是靠"看见"，而是靠"看清"。不是你在哪儿，而是你的团队是否清楚要往哪儿去，靠什么机制协作，有没有信任支撑，能否自我驱动。你不在身边，他们也照样有力。

这就是我们要讲的重点——领导力本质上是一种"场"，不是靠距离驱动的，而是靠结构和信念撑起的。正如地球能靠引力牵引卫星运行，真正强大的领导力，也该像一种"脱离地心引力"的能力，即使分隔千里，也能维持团队的协作轨道。

远程时代，靠走动带动的管理逻辑正迅速失效，我们需要一套全新的远程团队管理操作系统。它不仅是对"不能再走动"的回应，更是对"如何在不见面的状态下，依然凝聚团队"的积极探索。

神奇的数字"5"

在正式介绍我们的模型前,请允许我岔开一下话题,聊聊神奇的数字"5"。

你有没有想过,为什么我们大多数人每只手上恰好只有5根手指,而不是4根,或者6根?这不是巧合,而是进化的选择。进化从来不是盲目的浪漫主义者,它是个极致务实的精算师——多一分太累赘,少一分又不够用。"5",刚刚好。

这个数字背后,似乎藏着某种神奇的秩序。

在宗教里,"5"是象征。基督教讲耶稣五伤;伊斯兰教有信仰的五根支柱;印度教则说宇宙由五大元素组成:地、水、火、风和灵魂;佛教讲五蕴——色、受、想、行、识,说的是我们对世界的全部感知。

在中国文化中,"5"更是个"全能型选手":

※ 天有五行,地有五岳;

※ 人有五脏,味有五味;

※ 君子有五常:仁、义、礼、智、信;

※ 兵书《孙子兵法》讲:"经之以五事,道、天、地、将、法";

※ 古人说"三令五申",拜"三皇五帝"。

就连我们每天刷的应用程序,底部导航栏大多都不超过5个入口——支付宝、京东、微信都是如此(见图2-5)。为啥?不是技术做不到,而是心理学告诉我们,人类短时记忆的黄金容量,就是5到9个信息块,最稳妥的数就是5。这就是著名的"7±2法则"理论,心理学家乔治·米勒在1956年就提出来了。"5",是我们人脑天然的处理容量下限。超过"5",就容易遗忘;少于"5",又不够构成系统感。

在管理学界,管理大师明茨伯格也对数字"5"情有独钟,他深情地写道:

显然,"5"不是个普普通通的数字。"它是联合的标志,在毕达哥拉斯看来它是婚姻的数字;也是中心、和谐和平衡的数字。"《象征词典》(*Dictionnaire des Symboles*)还告诉我们,"5"是"人之象征……也是宇宙的象征……象征神的意志,对秩序和完美的追求"……

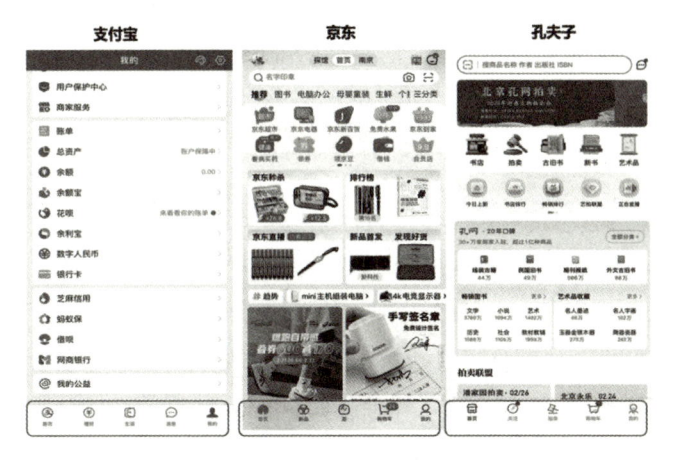

▲ 图 2-5　手机应用程序底部导航栏示例

事实上，我也想斗胆为这个"5"的清单做点贡献。在 OKR 领域，我指出要在企业中有效开展 OKR，要修炼 OKR 的"五昧真火"，制定 OKR 时要遵循五四原则以确保聚焦……而在本书中，我将告诉你，行之有效的远程团队管理，包含 5 个要件，我把它称作远程团队增效的"五力模型"。

不是因为"5"听起来顺耳，而是它真的恰到好处。一眼就能看懂，一次就能记住。你不需要做笔记，也不必反复翻书，就能在工作中随手拎起来用。

这，正是"5"的魔力。

远程团队增效五力模型：让协作像引力一样自然发生

那远程团队要增效，它的神奇数字"5"会是哪五样呢？

我们在腾讯做远程团队管理课题研究时，曾反复问过一个问题：在看不见人、拍不到肩膀的情况下，管理者还能靠什么建立影响力？

一次和腾讯云的一位负责人聊天，他说："有时候我甚至搞不清楚，某个项目是谁在推进、谁在拍板。人都在，但组织像是'漂'着的。"

这句话点醒了我。远程团队管理，说到底就是要解决"组织漂浮感"的问题。当距离拉开后，管理者能不能建立一个稳定的组织引力场，让每个团队成员不至于散掉、不至于漂远，仍然有方向、有归属、有连接、有成长。

怎么解决？

为回答这个问题，我们需要先引入一个真实的历史故事，向它学习管理之道。

曾经，日本在长达 2 个世纪里奉行严格的闭关锁国政策：严禁外国人进入日本，也不允许任何本国人离开日本，违者处以极刑。1852 年，美国总统授权马修·佩里远征日本，试图打破日本长达两百年的锁国政策。

这次远征最惊人之处，不只是美国派出了战舰，而是总统赋予了佩里无限授权：他不仅拥有海军指挥权，还拥有外交决定权。只要他认为对美国有利，他就可以拍板。

佩里在出发时写道："总统及其内阁成员都对这次远征表示最大关注，并给了我几乎一切我需要的权力。"

靠着这份充分信任，佩里得以灵活周旋、软硬兼施，最终兵不血刃打开了日本国门。这是远程协作的经典范本。

但除了信任，佩里和总统之间还有一个关键纽带：共同目标。佩里之所以发起行动，是因为他深知打开日本国门对太平洋贸易的战略价值。总统之所以支持佩里，是因为他看到了为美国蒸汽船航线提供补给点的现实需要。

这场行动之所以能完成得漂亮，是因为前方和总部"心往一处想，劲往一处使"。

这启发我们，远程团队管理的核心不只是信任，更需要方向一致。

接下来要解决的是"机制问题"。当团队成员彼此远离，如何在不依赖"拍板拍脑袋"的前提下协同？靠的是规则。

一个管理者曾说过一句让我印象深刻的话："机制不是用来管人，是让人不靠拍脑袋也能做出好判断。"这正是远程团队最需要的东西——制度化的信任表达。

再往深一层，我们还需要一个"中台"来支撑整个远程生态。

就像美国总统通过卫星通信实时看到突袭本·拉登的行动一样，今天的管理者也需要通过"数字化中台"，对前线团队的状态做到"看得见、摸得着"。

我们称这种能力为"Eyes on，Hands off"——眼观其动，手不能与。它背后的核心，是让团队成员的工作过程和工作成果可视化。

最后，还有一个往往容易被忽略的维度：成长力。

远程的员工，往往更容易产生"被孤立感"，他们需要的不只是任务分配，还需要组织持续的关注、培养与激励。否则，所谓的"卫星团队"可能很快就会在引力缺失中，逐渐远离轨道，漂浮在茫茫外太空。

到这里，我们一共介绍了有效的远程团队管理应具备的五种力：

※ 信任力：让远程团队与总部保持引力场，愿意靠近。
※ 目标力：提供"逃逸速度"，让团队冲破重力，飞得更远。
※ 规则力：构建彼此协同的语言体系与运作规范。
※ 中台力：如同太空中的导航雷达，保持远程团队高效运转。
※ 成长力：提供补给、支持和陪伴，防止"卫星"流失到深空。

我们称它为远程团队增效的五力模型，如图2-6所示：

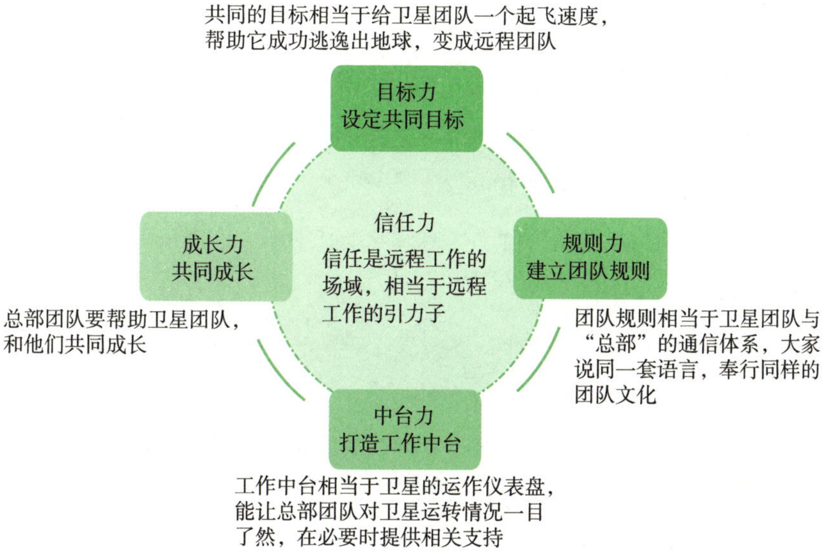

▲ 图2-6 远程团队增效五力模型

这五种力量合起来，构建起了一个让远程团队不再"漂浮"的力场系统。它是新时代管理者必须掌握的远程团队管理底层方法论。

五力模型与 4T 管理行为

你可能还记得，我们在第一章中介绍过一个我们花了三年时间打磨出来的高绩效管理者行为模型——4T 管理行为模型。它包含目标、团队、成长、担当四个维度，刻画了腾讯高绩效团队中管理者每天都在做的那些"关键小动作"。

但你可能也发现了，那套模型里并没有专门提到"信任"或者"工作中台"这些和距离紧密相关的内容。

这不是因为它们不重要，而是因为当时的研究对象大多是现场团队。大家每天在一起吃饭、开会、拉群、碰头，很多东西不需要说得太明白——信任可以靠相处，协作可以靠走动。

但在远程团队里，这一切都变了。

团队成员坐标各异、时差交错、文化不同，靠走动和眼神交流建立起的默契全部被打碎。我们必须重新思考：在这样的环境下，原本那些"靠得住"的管理动作，还能不能用，怎么用？

于是，我们把 4T 重新拆解了一遍，发现其中不少维度依然适用，甚至更重要——比如：

※ 明方向：远程团队最怕"各吹各的调"，目标如果不清晰，那团队的"卫星"早晚要迷航。

※ 助成长：远程员工的孤独感更强，成长机会更稀缺，这反而让成长与支持成为"留人"的关键动作。

※ 建团队：在"拍肩膀"不再可行的情况下，建团队的重点变成了建机制，机制成为维系远程团队运作的底层保障。

我们把这些在远程场景下也适用的内容，吸纳进了远程团队增效五力模型中。

与此同时，我们也发现了一些 4T 管理行为模型里没有，但在远程环境中异常关键的新要素：

※ 信任力：在远程协作中，它是基础设施，是团队得以存在的"隐形黏合剂"。

※ 中台力：在看不见人、碰不到面的情况下，唯有数据化的中台系统，才能支撑管理者做出判断、及时介入。

4T 管理行为中，我们唯独没有将"勇担当"维度纳入，其原因是，在远程环境下，这个维度不只属于管理者，而是要求人人有担当，人人能自我驱动。

最终我们得出这样一个结论：远程团队增效需要信任力、目标力、规则力、中台力和成长力这五力。它不是对 4T 的简单重复，而是在传承基础上的进化和增强。我将两者之间的关系整理成一张对照表，如表 2-2 所示。

▼表 2-2　五力模型与 4T 管理行为继承性分析表

远程团队增效五力	是否来自 4T 管理行为模型	继承点说明
信任力	×	4T 中并未强调信任，但远程团队必须建立结构性信任
目标力	明方向	团队再远，也要目标清晰、目标一致
规则力	建团队 / 建机制	机制让团队"远而不散"，保障协作可持续
中台力	×	远程团队需要数据可视、进度可查的技术中枢
成长力	助成长	成长是员工留存的"发动机"，远程环境下尤为关键

我们惊喜地发现，五力模型几乎就是对 4T 管理行为在远程团队语境下的一次自然延展。它吸收了原有模型的精髓，又补齐了远程时代下的短板。

正如我常说的：老工具解决不了新问题，但好工具一定能演化出新能量。远程团队管理的"五力"，就是 4T 的"远程版本"。它不但有方向、有制度、有培养，还有信任和中台这两个"远程驱动器"。

这，就是我们在组织碎片化、团队多地化的当下，交出的一张新答卷。

第三章

组织增效需要一个引力子

当一个团队不再共处一室，甚至不在同一个城市、同一个国家时，组织的连接感，就开始悄悄地变弱了。

你或许已经设定了清晰的 OKR，部署了各种协同工具，也制定了一整套项目推进机制。可一旦工作真正展开，总感觉哪里"不对劲"：推进的人总是慢半拍，反馈总是滞后，连会议上也常常有人不说话，或者，说了等于没说。这种说不清、道不明，但又真切存在的"组织漂浮感"，正是远程团队的典型症状之一。

在第二章中，我们提出了远程团队增效的五力模型，并指出：要让远程团队高效运转，需要构建起五种关键力量，而排在最前的，就是"信任力"。

为什么？因为它像一颗恒星，是整个系统的引力中心。

没有信任，OKR 就只是浮在空中的目标，协同工具成了"流程过场"，规则反倒成了阻力，中台再智能也拉不动团队，而"成长"更无从谈起。

这就是为什么，我们要从最关键的一环——信任——讲起。它是远程团队高效运转的原点，是 OKR 能落地、协作能推进的底层驱动力。

但在远程团队中，信任不是凭空长出来的，它根植于团队协作的结构里。这时候，我们就必须先问清楚一个看似简单但极其关键的问题：你的团队，到底是怎么协作的？是一群人围着管理者转，彼此联系不多，还是像一张大网，每个人都彼此牵连、密切配合？

别小看这点差别。它决定了你该如何建立连接，又该从哪里开始种下信任的种子。这就引出了我们本章的第一个观察视角。

你的团队是意大利面型还是星型

在腾讯做远程团队管理培训时，我常让管理者做一个练习，请他们在一张白纸上，画出自己团队成员之间的协作关系图。方法是回顾团队过去 3 个月的重点项目，看哪些人曾经在这些项目上一起合作过，有合作关系就把他们连起来，并在线上标上有合作关系的项目编号。每每图画完后，他们都会陷入沉思——纸面上密密麻麻的线条，交错缠绕，像极了一盘彻底打翻的意大利面（见图3-1）。

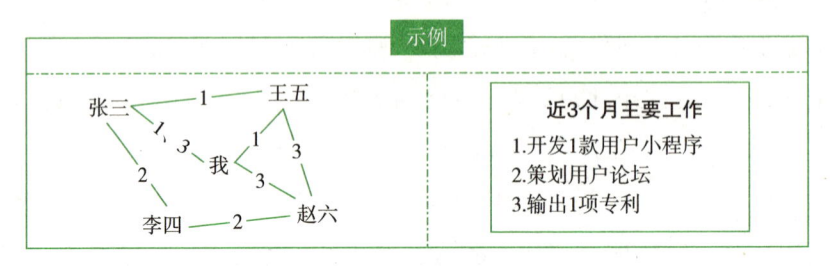

▲ 图3-1 团队工作模式绘制示例图

凯文·霍尔在《提高管理的速度》一书中，把这种团队叫作意大利面型团队。在这种团队中，团队成员之间高度依赖，频繁互动，分工交织。而与之对应的，是星型团队——每个人围绕主管各自为战，协作稀疏，信息依赖弱。意大利面型团队和星型团队如图3-2所示。

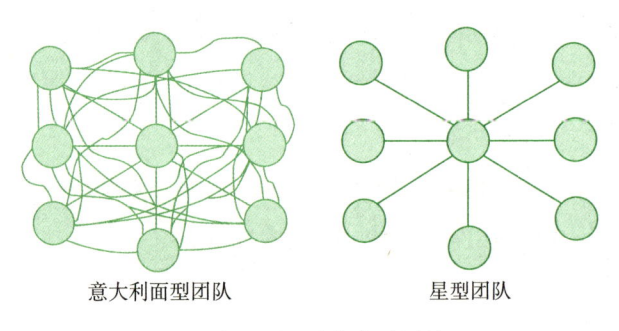

▲ 图3-2 两种类型团队

星型团队分工清楚，结构利落，但更适合那种流程化、标准化的工作。而在今天复杂多变的商业环境下，真正推动业务增长的，往往是那些"拧在一起打仗"的意大利面型团队。

在腾讯，我曾分析过多个团队的OKR承接关系，发现一个有趣现象：高绩效团队的KR与KR之间，几乎总是网状交织，没有人是"独行侠"。同一个项目，产品、研发、运营、销售交织推进，如图 3-3 所示。如果把图中 KR 换成员工名字，就是一张员工协作关系图，这图怎么看都像一碗热气腾腾的意大利面。

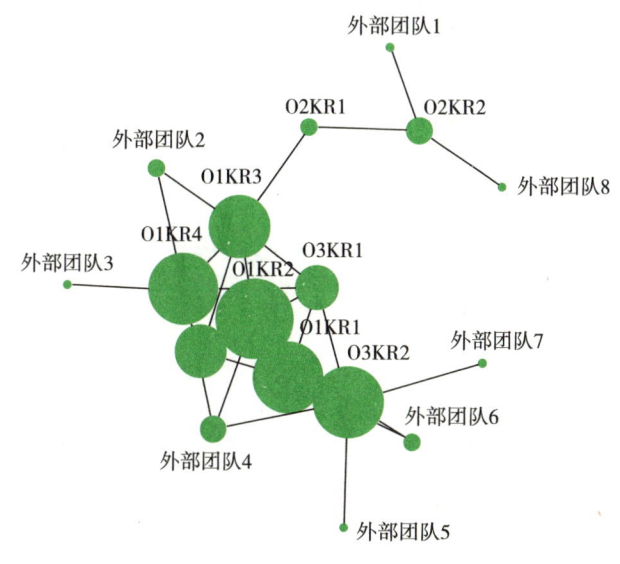

▲ 图 3-3　典型 OKR 承接图

阿莱克斯·彭特兰在 MIT 的一项研究进一步佐证了这个判断。他把团队分为全连接和非全连接两种类型（见图 3-4），结果发现，越是内部协作紧密、成员之间多点互动的团队，绩效越高。而那种"靠几个人强扛"的团队，往往走不远。

图A：非全连接协作关系　　　图B：全连接协作关系

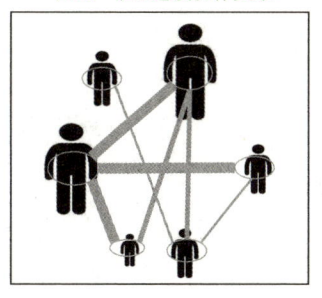

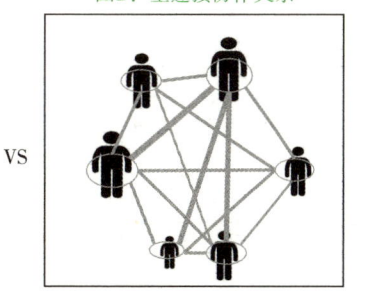

▲ 图 3-4　两种团队协作关系

一碗意大利面好不好吃，不在于面条排列得多整齐，也不在于盛面的碗有多体面，而在于酱料是否真正渗入了每一根面条。

那么，团队的"酱料"是什么？不是制度，不是流程，而是信任。

你也可以把信任想象成团队里的"无形引力"。当它存在，协作流畅、"天下归心"；一旦消失，表面看似联系紧密，其实每一根线条都在相互掣肘，甚至拉扯断裂。

我见过很多组织，一旦协作出问题，第一反应就是让团队分工再清楚一点，把成员的责任拉回到主管手上。这种想法看起来逻辑清晰，但其实是错把协作问题当成结构问题处理了。本质上，是试图通过"剪掉几根面条"以求简单。

可现实是——剪掉协作，不一定带来效率，反而可能丢掉最关键的组织弹性。

所以，别急着把意大利面拉直。真正该思考的是：如何让这碗面不散？

我们需要的是信任。

团队协作的底层逻辑：心理安全感

说到底，一个高效协作的团队，光有连接图还不够，关键是——在线的连接里，是否有"人心"？

换句话说，团队成员之间，是否敢说话，敢表达，敢暴露自己的真实想法？是否有那种"说错了话也不会被当众羞辱，犯了错也不会被排挤"的心理状态？

这种感觉，就是"心理安全感"。

在卡内基梅隆大学和麻省理工学院的一项团队研究中，心理学家们并不满足于只看团队表面的智商和能力，他们想搞清楚：为什么有些团队即使每个人都很聪明，整体效率却不如其他"平庸之辈"组合的团队？他们招募了一批志愿者，分成若干小组，设计了一系列必须依赖团队协作完成的任务，比如头脑风暴"砖头的 100 种用法"、资源调配的购物清单协商等。

结果令人惊讶：那些在一项任务中表现好的人，在其他任务中也一样游刃有余；而那些一开始就磕磕绊绊的团队，在其他任务里也基本翻车。

研究者最终发现，关键并不在于团队里有没有几个"聪明人"，而在于团队成员之间有没有两种行为习惯——

第一，发言机会是否平均，也就是每个人都有机会开口，而不是总是少数人在发话；

第二，社交敏感度是否够高，能不能觉察出对方情绪，读懂他人表情，及时做出回应。

如果把这两点合在一起，其实就构成了心理安全感的基础结构：一个让人感到安全、被尊重、可以自由表达的环境。

谷歌在 2012 年也做过一个名为"亚里士多德项目 (Project Aristotle)"的大型内部调研，他们花了整整两年，想弄清楚什么是"好团队"的决定性因素。最终发现，最核心的答案，不是学历背景，不是性格匹配，也不是领导风格，而是心理安全感。

也就是说，在谷歌的团队中，那些敢于讲真话、不怕提问、不担心被批评的人，所在的团队更容易高效运作，更容易产生创新。

这个结果其实一点也不"技术"，反而非常人性。心理安全感，不是什么高深理论，它关乎你是否敢在会议上说一句"我不太懂"，是否敢指出一个可能的漏洞，是否敢给同事一个真实的反馈。

你看，语言是有温度的，环境是会说话的。当一个团队的成员敢于表达，敢于暴露不确定，敢于彼此"碰撞"又能保有善意——这个团队的"集体智力"才真正被点燃了。否则，大家只说安全话题，不冒风险，不说真话，再聪明的人聚在一起，也不过是一群沉默的螺丝钉。

所以，我们得承认，心理安全感是连接团队人心的桥梁。它不是某一个动作,一场活动,而是一种氛围,一种让人敢"成为自己"的氛围。

信任是协作的根基

当我们谈到心理安全感时,很多管理者的第一反应往往是:"这是不是太软,是不是在搞情绪价值?"

但真相恰恰相反——心理安全感背后,藏着的是组织的硬核效率。

它表面上是一种情绪体验,实则是一种信任氛围。当一个人愿意讲真话,愿意表达异议,愿意暴露自己的不足,本质是因为他相信——说了不会被嘲笑,错了不会被惩罚,话说出口,不会被"背刺"。

心理安全感,是团队成员的"感受";而信任,是组织氛围的"底色"。

有一次,我在参加腾讯某个远程项目会议时,团队成员小杨全程沉默。直到会议快结束,组长突然点名:"小杨你怎么看?"

他犹豫了几秒,说:"其实我有些不同看法……但怕说出来显得不合群。"

会后,另一位同事悄悄告诉我:"其实我也有类似意见,但当时没人发言,我也不太敢说。"

这就是典型的"沉默效应"——不是没人有想法,而是没人愿意冒头。慢慢地,团队变得"面面俱到",但"事事落空";"人人礼貌",但"人人缄默"。

这背后,根源只有一个:信任不够。

哈佛商学院教授艾米·埃德蒙德森(Amy Edmondson)早在 1999 年就提出:心理安全感,本质上就是一种信任感。当团队成员感到可以"安全表达",本质上是因为他们相信彼此的善意与尊重。

从管理学角度看,信任通常包含三层含义。

1. 认知信任:我相信你有专业能力,做得来。

2. 情感信任：我相信你不会伤害我，会替我考虑。

3. 制度信任：我们有共同的规则，大家按规矩来，而不是靠人情和主观判断。

在我们研究腾讯多个高绩效远程团队时发现：这三种信任往往是递进关系。管理者不是靠"打感情牌"赢得信任，而是靠一次次可预期的行为——把事情做成，说到做到，团队才会逐渐把信任交出来。

一位腾讯远程团队管理者说得很直白："我每周都会和美国硅谷团队开一次 1 对 1 会议，哪怕只有 15 分钟，聊完我还会发一封总结邮件。刚开始他们觉得太形式了，但两个月之后，他们开始主动找我聊。"

信任，从来不是"自来水"，拧开就有，而是一种需要精心经营的"组织动作"。

在现场办公的年代，团队哪怕没有很高的心理安全感，也能"靠惯性"维持协作。有问题，当面聊；有误会，吃顿饭就缓和了。但在远程团队中，这种惯性被打破，信任变得尤为稀缺。

这种缺失，甚至会引发"信任短板效应"。

我曾遇到过一个真实案例：某远程团队成员读了一本书，说"沟通要有情感，才能共鸣"。于是她开始在钉钉里频繁使用连符号——"？？？""！！！""……"：

※ "这个会议安排在周三晚上？？？"

※ "这个目标太高了！！！"

※ "你说的这个方法……可以再想想……"

结果，同事们集体反馈她"太情绪化"，沟通令人不适，而她本人却一头雾水。她在线下团队中是个性格爽朗的人，大家很了解她的语气语境，完全不会误解。但远程团队看不到她的表情和语气，只接收到"过于激烈的文字"，于是信任在不知不觉中流失了。

这正是远程协作中最难的一点：不是你不够真诚，而是信任的信号没能被完整传达。

爱德曼国际公关公司的一项研究指出：当人们信任一个组织时，他们相信正面消息的可能性是负面消息的两倍；但如果不信任，他们更容易相信负面消息，甚至是正面消息的四倍。

这也解释了，为什么远程团队中最怕的，不是没工具，而是"没人心"。你可以部署最先进的 OKR 系统，用上最酷的协同平台，但如果团队彼此不信任，那些机制只是"虚火"——烧不了多久。

史蒂芬·柯维之子在《信任的速度》一书中写道："信任影响两个结果：效率与成本。信任越高，效率越高，成本越低；信任越低，效率越低，成本越高。""9·11"事件发生前，美国乘客到机场只需提前 30 分钟；事件发生之后，由于安检系统的信任崩塌，乘客须提前 1~2 小时，这就是"信任下降的代价"。

所以，别再低估信任的力量。商业成果的公式，从来不是简单的"战略 × 执行"，而是"战略 × 执行 × 信任"。

阿里巴巴对此深有感触。他们在六条企业价值观中明确写道："因为信任，所以简单。"他们认为：你复杂，世界便复杂；你简单，世界也简单。真实不装，互相信任，事情就高效。在行为标准中，他们更是写道：

※ 诚实正直，言行一致；

※ 不唯上欺下，不抢功甩锅；

※ 决策前充分表达，决策后坚决执行；

※ 敢于把后背交给伙伴，也能赢得伙伴的信任。

这套标准，恰好对应了"信任 + 尊重"的心理安全感要件。

我们常说，领导力是影响力。而在远程团队中，信任就是影响力的供电系统。没有它，你说得再对，团队也接收不到；做得再多，也打不进人心。

正如《团队协作的五大障碍》所言：缺乏信任，是一切团队障碍的起点。

所以，如果你是远程团队的管理者，不妨自问一句：我有没有在团队中，亲手种下那颗信任的种子？

如何打造信任力：从"了解"到"破冰"

远程团队中的信任，不是自然长出来的树，而是一块需要精心耕耘的田地。你不种，它就荒。

根据我在腾讯的实践经验，以及对大量管理学文献的研究，我总结出两个关键动作，能有效提升远程团队的信任感：

※ 第一个动作是深度了解你的团队成员；

※ 第二个动作是在团队生命周期中保持定期破冰。

这两招看似简单，却直指核心。

招式1：建立团队成员档案，深度了解每一个人

在企业管理中，信任往往包含两个层面：对专业能力的信任，以及对个人品行的信任。

很多时候，管理者觉得"这个人不靠谱"，说到底，可能只是不了解他。比如，一个成员回复慢了，管理者可能立刻脑补："是不是有情绪？是不是不想干了？"还有的成员搞砸了一次汇报，立马就被贴上"不专业"的标签。这些判断，多半是我们自己的投射，而不是事实。

我在《盖亚组织》一书中谈及流程和制度对员工能力的制约时，举了全球极具创造力的游戏公司 Supercell 的例子，并总结说："Supercell 已经证明，当你去掉审批、流程、层级和官僚体制，员工可以创造出难以置信的成就。"一位读者朋友读到这段后，在微信读书中记了一段读书笔记说："如果公司人员能力不行，不能这样做。还是得分情况的。"我认为这位朋友就存在对员工能力不信任的现象。公司员工能力是真的不行，还是我们假定他们不行？不同的管理假设，会导向我们去找不同的人。如果我们认为组织应该要流程化、制度

化,那我们自然会倾向于去找执行型人才和螺丝钉型人才,这些人进到公司以后,慢慢地就会习惯只做流程规划的事而缺乏思考力,于是,这强化了我们的认知:"看,不是我们不信任他们,是他们的能力真的不行。"而如果我们认为组织应该少流程、多授权,我们自然也会倾向于去找思考型人才和全科型人才,就像 Netflix 和 Google 所假设的那样。归根结底,这是一个管理定位决定人才定位的问题。

多年前,我还在华为带研发团队时,同部门有一个专业能力还不错、也很努力的技术人员,姑且称他为 A 君。A 君工作责任心强,经常加班到凌晨两三点,每天工作不做完他绝不回家,是部门里绝对的奋斗楷模。后来,部门为了均衡 A 君的工作量,决定从其他团队调 3 名同学让他管理。

A 君上任之后,横看竖看这几个人都觉得不称心:

小张能力不行,做事拖拉;

小李没有拼搏精神,不推不动;

小王入职刚 1 年,热情有余但经验不足。

最开始 A 君还勉强耐着性子,对 3 位同学没有过多过程干预,只在结果不尽如人意时才向他们指出不足。但很快,A 君发现不满意的地方实在太多,他必须要做更多的过程管理,他甚至会检查下属对外发出的每封邮件的字体、颜色和标点符号。A 君似乎没有因为给他多配了 3 个人更轻松,反而比以前更累了。而另一方面,小张、小李和小王也因为自己甚至连一封邮件的标点符号都做不了主而倍感挫败,很快选择了离开。在不到 3 个月的时间里,A 君就成功地把自己做回了光杆司令。部门不得不又给 A 君新招了 3 个人,依旧保持 4 人团队规模。但 A 君发现,新来的人并没有比以前的人好多少,他们大多出工不出力,做一天和尚撞一天钟,能少做一点是一点,最后所有的活又都堆在他那了。为此,A 君免不了向招聘团队抱怨:"你们都招的是些什么人啊,主动性太差了,成天只知道划水和摸鱼。"

A 君为什么这么累?为什么带的前后两个团队的战斗力都不行?果真像他所说的那样,是大家主动性差、不努力吗?

或许有些客观原因，但更大的问题出在他对团队的信任缺失——尤其是对员工能力的深度不信任。他事事亲力亲为，不断加码过程控制，甚至要审查下属邮件的标点符号。看似"高要求"，实则把原本有潜力的团队，管成了一锅死水。

这让我想到韩愈的《马说》。

马说

——唐·韩愈

世有伯乐，然后有千里马。千里马常有，而伯乐不常有。故虽有名马，祗辱于奴隶人之手，骈死于槽枥之间，不以千里称也。

马之千里者，一食或尽粟一石。食马者不知其能千里而食也。是马也，虽有千里之能，食不饱，力不足，才美不外见，且欲与常马等不可得，安求其能千里也？

策之不以其道，食之不能尽其材，鸣之而不能通其意，执策而临之，曰："天下无马！"呜呼！其真无马邪？其真不知马也！

其真无马邪？其真不知马也！

很多管理者一边"骑着马"，一边又抱怨"马跑不快"。他们不懂激发，也不懂信任，只会拉缰绳、挥马鞭，最后的结果，只能是"骈死于槽枥之间"。

而真正的问题，不在员工身上，而在管理者身上。

很多管理者总以为自己很了解团队成员，实际上却知之甚少。

不妨问自己三个问题：

1. 我能说出每个远程团队成员的三个关键优/劣势吗？
2. 我知道他们的兴趣爱好、生活状态吗？
3. 他们的个性在团队中是否有被充分看到？

如果答案都是否定的，那么你并不真的了解他们。而没有了解，就谈不上信任。

除对专业能力不信任外，管理者还很容易先入为主，放大团队成员的"品行"问题。例如，某管理者在微信上给一远程团队成员安排了一个任务，员工当时在开会，没能及时回复，于是这位管理者觉得员工不尊重他，对他有意见。再如，某位远程团队成员搞砸了一次汇报，于是管理者自此给员工打上了"不靠谱"的标签。

那么，怎么破除这种"先入为主"的偏见？

我建议每一位管理者，都应该建立一份"团队成员档案"。这份档案应包括他们的专业能力、性格特征、兴趣爱好和生活近况。一个典型的团队成员档案如表 3-1 所示：

▼表 3-1　团队成员档案示例

姓名	专业能力	性格特征	兴趣爱好	生活近况
张三	擅长：产品推介、客情维护、商业思维 不足：项目管理能力有待提升，经常容易延期	擅长：比较外向，喜欢和人打交道的工作，不喜欢做方案和汇报 不足：性格有点急躁，容易听不进他人的建议	马拉松运动	刚买房，资金压力大

这些信息，不能靠入职自我介绍凑数，而应靠管理者一点一滴去观察、去聊、去记录。信任不是拍脑袋决定的，它从了解开始，在了解中扎根。

招式 2：定期破冰，让信任"活水长流"

深度了解，是信任的基座；但要让这个基座不裂，还需要"温度"维系。

我一直强调：团队的信任是三向的——管理者对员工的信任，员工对管理者的信任，以及员工之间的相互信任。而后两者，往往得靠"破冰"来激活。

为什么叫破冰？因为不破，关系就会僵；不融，协作就会冷。

而破冰的最佳时机，恰恰是团队组建的早期阶段。你可以想象，刚组建的团队就像一条冰封的河流，早早破冰，水就能流动；如果等到气温降得更低，想破也难。

在远程团队中,这一点尤其重要。因为空间距离带来的隔阂,不会自己消失,必须靠人为介入。

我最常用的一种方法,就是事业与生活生命线图谱分享。让团队成员画出自己人生中的高光时刻和至暗时刻,从事业和生活两个维度讲述自己的故事,如图 3-5 所示。

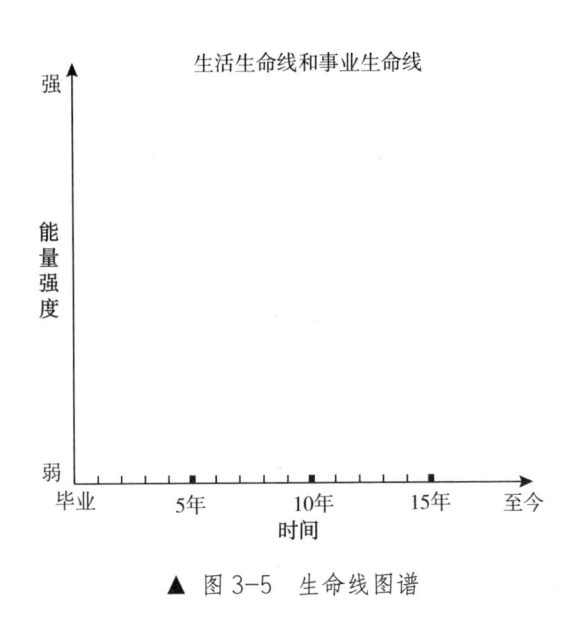

▲ 图 3-5　生命线图谱

事业生命线描述的是自己感知到的自工作以来在事业上的起起伏伏。晋升、调薪、项目结项、重大成果突破等都是工作中的重要里程碑,它们构成了精彩的事业生命线。而生活生命线则描述的是自己感知到的生活中的起起落落。恋爱、结婚、买房、生子、小孩入学等都是生活中的重大事件,它们构筑起了丰富多彩的生活生命线。

事业生命线和生活生命线是两条不同的轨迹,它们之间有交叠,也有分叉。

在远程团队管理培训会上,我自己会率先示范,给出我的两条生命线图谱,如图 3-6 所示。

▲ 图 3-6　生命线图谱示例

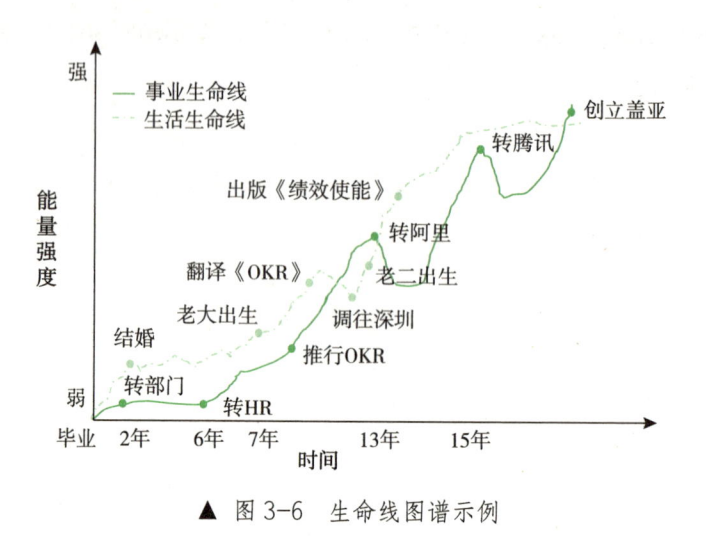

于我而言，我毕业后就加入了华为，事业和生活开启新旅程。我加入华为时，被分配到了一个专门用 JAVA 语言开发产品的部门，那个时候，JAVA 还不成熟，其运行速度非常慢，远不如 C/C++ 这两门编程语言酷。于是，2 年后，我逮住一个机会，果断地转到了另外一个可以用 C 语言写代码的部门，我认为那是我新的工作里程碑，因为我找到了我喜欢的工作语言。也是在那一年，我和我爱人结了婚，生活也步入全新阶段。此后在华为的 4 年，我在事业和生活上都中规中矩，乏善可陈。到了第 6 年，我觉得事业上遇到了瓶颈。当时，我进入华为南京研究所，在那里从事路由器产品的开发，但那个部门是一个分支部门，因而在发展机会上，相比于总部部门少很多，我很难再向上发展和突破。在华为，要更好地发展，人才需要之字型发展。一个偶然的机会，我从华为研发部门转到了人力资源部门，自此开启了我的人力资源从业生涯，这是我事业上的又一里程碑。在生活上，我也迎来了我的第一个儿子，家庭生活进入到做父亲的阶段。此后，我在人力资源领域不断突破，取得了不少建树，获得了公司不断的认可。到第 10 年，公司决定推行 OKR 试点。我在了解了 OKR 的要素之后，深深地被这一工具的魅力所吸引，决定努力促成 OKR 在华为的开花结果。中间，为了帮助国内更多企业更好地理解和应用 OKR，我利用业

余时间翻译了《OKR：源于英特尔和谷歌的目标管理利器》一书，这是全球首本 OKR 专著，国内不少企业家和 HR 同人在读到这本书后，对 OKR 有了更深入的了解，也希望同我有更深入的交流，因此我得以结识了他们，和他们一起探讨 OKR 在国内更深入落地。由于在华为南京研究所 OKR 推行得很好，公司希望在更大层面推广，我在第 12 年被调到了华为深圳，这对我的家庭生活造成了一些影响，所以我的生活生命线在这一阶段是下跌的，与事业生命线形成了反差。到第 13 年，当 OKR 在华为开展得如火如荼之际，我认为我完成了我在华为的使命，于是离开了华为。同年，我的二儿子顺利出生，生活又进入了新阶段，从一个孩子的父亲变成了两个孩子的父亲，肩上的担子更重了。同年，我加入了阿里巴巴（简称阿里）。到阿里之初，我非常不适应。华为是一个流程型组织，每个人做什么事是非常清楚的，有很强的确定性。但阿里却截然不同，阿里的岗位空间很大，你需要思考你自己要做什么事和能做什么事，自己去找目标，然后给组织交付结果。如果说在华为是事找人，在阿里更多的就是人找事。这对习惯了做确定性工作的我来说，是极具挑战的。在加入阿里最初的 3 个月，每一天都是一种煎熬。所以，这是我事业的又一低谷期。但当 3 个月过去之后，我发现我非常喜欢阿里的工作氛围，这不就是我在华为开展 OKR 时所想极力促成的吗？这不就是充分授权、充分自主的工作环境吗？于是我不断地在工作上实现突破，从一位专家迅速成为事业群组织发展和组织文化的负责人。这期间，出版了我的第一本专著《绩效使能：OKR》，它获得了广泛的读者认可，这让我倍感欣慰。2 年之后，我离开了阿里，加入了中国互联网另一巨头腾讯。腾讯又是一个非常不一样的公司。腾讯组织文化不像阿里那么强势，它十分注重群策群力，当然，这会让它的执行力显得有些偏慢，表现在工作上就是事情推动起来会慢一些。所以在刚加入时我也非常不习惯，不知道自己在腾讯能做成点啥，有些失落。好在我适应力还不错，很快适应过来。我发现，腾讯之所以成功，它松散的组织氛围发挥了很大的作用。组织因此更加注重长期发展而非短期收益。腾讯是产品思维，善于用一个长周期去持续打磨和改进产品体验，最终赢得用户口碑，它的主打产品 QQ 和微信，无不如此。在此期间，我的生活一如往常，没什么变化。2年之后，我离开了腾讯，决定创业，创立了盖亚管理咨询有限公司，希望用我多年的组织发展实践和研究成果，去服务更多的企业，建立起中国企业的管理自信。此后，我一边服务企业，一边笔耕不辍，相继出版了组织管理方面的专著《盖亚组织》和《真OKR》，继续为管理界贡献绵薄之力。

这就是我的事业生命线和生活生命线。学员每每听完之后，都会反馈我说，他们对我有了一个从头到脚的深度了解，对我也越发信任了。有时，团队成员比较内敛，尤其是研发人员，如果借助这样的生命图谱练习活动，让每个人都打开话匣子，就可以增强彼此之间的了解，也会因此收获信任；而如果当他人分享完后，还能感受到自己被倾听、欣赏或共情，就会更加地增强他对团队的信任。

基于我的经验，在绘制团队生命线图谱时，有下面一些建议：

※ 一定要在大白纸上绘制出在事业和生活上的起起伏伏，标识出起伏关键点，正是这些关键点组成了生命线的脉络。

※ 管理者要从自己做起，首先分享你自己的事业生命线和生活生命线，以便让团队成员充分了解你。

※ 不妨多分享一些你的至暗时刻，而不仅仅是自己的高光时刻，这样可以让大家感知到你的烟火气。纪伯伦曾说："和你一同笑过的人，你可能会把他忘掉；但是和你一同哭过的人，你却会永远地记住他。"管理者不要包装自己的高大形象，要敢于真诚地暴露自己的不足。当大家觉得你更真实时，也才更愿意展现更真实的自己。

※ 展现出对每个人的事业生命线和生活生命线的尊重和欣赏。

我已经在上面介绍过，心理安全感可以让人们自由地在团队中表达他们的想法、经历以及完整的自己。本质上，破冰的作用就是要帮助建立起团队成员的心理安全感。而心理安全感取决于人际信任和相互尊重与欣赏。破冰要围绕如何更好地促成团队成员间的人际信任、尊重和欣赏去开展。

这种破冰方式并非只适用于团队建立的初期，但团队是有生命周期的，如图3-7所示，管理者需要知道这一点。

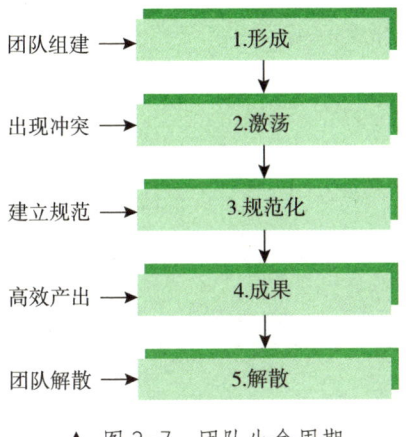

```
团队组建 → 1.形成
出现冲突 → 2.激荡
建立规范 → 3.规范化
高效产出 → 4.成果
团队解散 → 5.解散
```

▲ 图 3-7 团队生命周期

当团队最先组建起来时，团队处于形成期，团队充满新气象。然而，由于团队成员之间彼此还缺乏了解，性格、背景也各异，大家在之后工作中会习惯性地按照自己过去的方式做事，从而产生各种冲突和不理解，此时团队进入激荡期。慢慢地，团队会形成一些隐性的或显性的规范去约束大家的行为，以更好地促成团队协作，团队进入规范化阶段。有了规范的助推，团队成员就能将精力聚焦在高效工作产出上，团队进入成果期。当团队完成其使命后，就会被解散或并入到其他团队，从而结束团队的生命周期。

管理者理解团队生命周期，是为了更早地在团队生命周期的早期去推进团队信任感的建立。信任就像是冰河，要让冰河消融，管理者就要敢于去破冰，并且在团队生命周期的早期就去破冰，这一时期的破冰成本最低，能更快地促进团队的信任，让团队更快地进入成果期，投入产出比最高。除此之外，由于远程团队天然地存在物理距离，彼此之间容易产生隔阂，因此，定期的破冰活动也必不可少。管理者要把破冰活动贯穿在团队生命周期的每一个阶段，以打开大家的心扉，降低彼此之间的防卫，增进相互信任。

当团队进入到规范化阶段和成果期后，我们前面介绍的破冰方法，需要做一些改动，如图 3-8 所示。

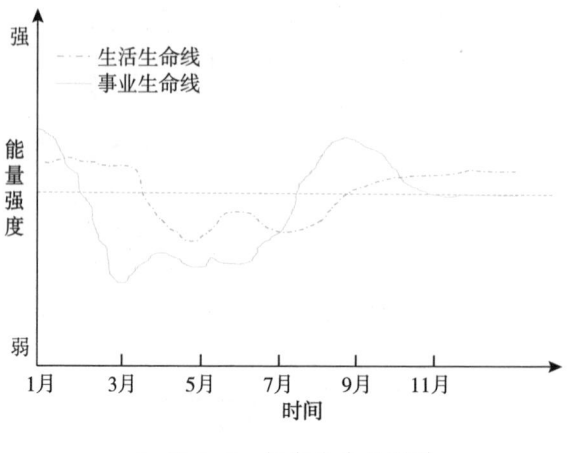

▲ 图 3-8　短期生命线图谱

在上面的短期生命线图谱中，时间线可以被缩短为一年、半年或者季度，这取决于你的需要。而内容上，可以请大家分享这段时间以来事业和生活上的高光时刻和至暗时刻，以及工作中的困惑、对团队的感受等。团队成员分享后，还可邀请团队其他成员对其分享做互动和回应。通过这种改动，破冰活动可以定期做，以保持信任之河永不结冰。

破冰最好面对面进行，尤其是当团队处在形成期和激荡期时，更应面对面开展。著名管理学家、心理学家曼弗雷德·凯茨·德·弗里斯（Manfred Kets de Vries）说得好：

"在远程团队越来越普及的今天，信任的建立愈加重要，也愈发困难。远程团队要高效运作，要在建立关系方面付出很多努力。你不可能通过电子通信手段发送一个微笑表情或握手表情就轻松做到这一点……面对面的沟通和私人关系的构建才是建立信任的关键。只有各方之间存在相当程度的信任，分散在各地的个人和群体间才能实现有效互动。没有信任作为黏合剂，团队就无法很好地运作起来，远程团队更是根本无法运转。"

只有当团队度过形成期和激荡期，进入到规范化阶段和成果期后，常态化的破冰才可以尝试通过视频会议的方式进行。需要注意的是，无论是面对面形式还是视频形式，破冰都需要经过精心设计，以关系的构建和维持为核心，切勿随性为之，那样的破冰很难产生实效。

信任是一个持续过程

信任的建立不易，维护更难。信任可能因为一个小问题就瞬间归零。

那么，怎样才能守住信任呢？

很多管理者以为，建立了一份团队档案，做了一次破冰，信任就"稳了"。但事实是，信任从不是一次性就能筑起的，更不是一劳永逸的存在。它不是一棵种下就能自顾自生长的野草，而是一条需要持续灌溉的河流。要让这条河不断流淌，就需要你持续不断地"供水"。

在我长期观察远程团队运作的过程中发现，信任其实藏在每一次对话里。它不是会议开始前喊句"大家辛苦了"，而是存在于团队的真实沟通流程中。

这种流程，我总结为一个四步信任环：发声 → 解释 → 协商 → 协同，如图 3-9 所示。

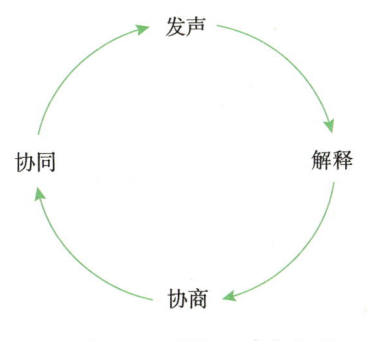

▲ 图 3-9 团队互动信任环

在一个高信任度的团队中，协作从来不是任务派发那么简单，而是从一次次真实的互动中自然长出来的。你会发现，这些互动往往都遵循信任环的节奏：

发声、解释、协商、协同。

一切从发声开始。总有人先抛出一个问题、一个想法，打破沉默。也许是客户投诉，也许是项目延期，也许只是一个"我觉得这里不太对"。这个起点至关重要，因为它打开了表达的大门。

但仅有发声还不够，更关键的是解释。我们为什么要谈这个问题？这事对我们意味着什么？如果这些背景没人说清楚，就容易陷入"听不懂"或"想歪了"。尤其在远程团队中，很多信任危机，恰恰源于解释不够、语境不清。

紧接着是协商。解释完，并不代表认同。协作不是"你说了算"，而是"大家讨论后一起定"。有时是观点的碰撞，有时是彼此的让步，过程或许曲折，但这个阶段恰恰是信任升温的关键时刻。

而协同，只是顺理成章的最后一环。当前面几步走通了，行动自然就有了方向和动力。这时候再说"谁来做什么"，团队就不会再有推诿和迟疑，反而会主动接招，彼此配合。

如果一个团队习惯了这样的节奏，信任就像水一样，在每一次流动中润物无声。

举个例子。

某次项目会议上，身在上海的运营小李在视频会议中开口说："我觉得我们最近的活动转化率有点低，可能是方案方向出了问题。"

这就是发声。他不是照常报数据，而是提出了一个可能需要全团队关注的问题。

听到这个问题，远在成都的产品经理回应说："你提到'转化率低'，请问具体是哪个环节？我看流量没什么大变化。"运营小李解释道："主要是从点击到注册这段，下降了20%。我查了一下用户轨迹，发现很多人在进入页面后不到5秒就退出了，可能是落地页没有打到痛点。"

这一步是解释，让大家理解问题背后的数据支撑和逻辑，而不是一句模糊的"感觉"。

此时，市场同事也加入讨论："如果是页面设计问题，我觉得我们可以改改文案，测试下不同版本的内容。"但技术负责人则说："我们最近技术资源紧张，短期内改版难度大。"

大家于是展开一轮协商。是短期做方案调优，还是延期改版？团队就各自的困难、优先级和资源进行讨论，最后形成初步共识：不动技术，先在现有页面上做文案 AB 测试，用低成本跑出初步验证结果。

最后，团队快速形成行动方案：市场这周改好两个文案版本，运营跑流量测试，产品跟进数据看看是否需要推动改版。

这就是协同。没有哪个人单打独斗，而是每个环节都有人接力推进。

很多团队不信任，就是因为"信任环"某一环断裂了：

※ 跳过解释，直接布置任务，员工不理解也不投入；

※ 跳过协商，领导拍脑袋决策，员工阳奉阴违；

※ 跳过协同，任务分下去了，各自为战。

信任，就这样在一个个"断点"中慢慢丢失了。

所以，打造信任不是靠"谈感情"，而是靠一次次有质量的互动。你可以不讲大道理，不搞花式文化，但只要你认真对待每一次"沟通流程"，信任就会在这些细节中生长出来。

是的，信任不是感性的，它是流程性的。

我们常说，信任是组织的软性资产。但在远程团队，它更是一种硬核能力。不是因为它多么情感化，而是因为它极度稀缺、极度重要，又极度需要被管理。别指望信任自己长出来，也别幻想信任一劳永逸。真正有信任的团队，是那些把"互动流程"当作管理正事来经营的团队。

信任是怎么被破坏的

信任的建立可能需要三个月，但它的崩塌，往往只需三秒。在远程环境中，这种风险更高。

一位远程团队管理者在圆桌中讲过这样一个故事：

"我有个团队成员，汇报一向积极，语气也很配合。我以为他是团队里最靠谱的那一个。直到有一次，我偶然发现他迟迟没有推进关键任务，还刻意隐瞒了一个严重缺陷——最让人崩溃的是，他在会上还一口一个'没问题'地点头……那一刻，我对他的信任，瞬间清零。"

这就是信任的脆弱之处：它无须大风大浪，一件小事就能裂出一道缝。

而在远程团队中，这些裂缝更难察觉，也更难修复。你无法读懂一个人的神情，看不到迟疑的眼神，也听不出语气的变化。所有的不满和误解，就像冰山一样，悄然积累在水面之下，直到有一天撞上团队的船身，酿成信任危机。

在我们的调研中，归纳出远程团队中最常见的信任破坏模式：

※ 说一套，做一套：开会时振振有词，私下却敷衍应付。一次两次，别人就再也不信你了。

※ 回避冲突，不讲实话：怕伤感情，什么都不说。但问题不会自动消失，只会在沉默中变质。

※ 抢功甩锅，只报喜不报忧：现场团队容忍度都不高，更别说远程。一旦有人觉得你"不公平""不透明"，信任就碎了一地。

※ 信息延迟，不透明："你在干什么，别人完全不清楚。"缺乏进度共享和状态更新，久而久之，大家自然就开始"脑补"。

值得注意的是，远程团队的"信任初始值"往往偏低。现场办公可以靠"吃过饭、加过班"的点滴建立起情感联系，但远程团队初次见面常常是在视频会议中，一张静态头像就是全部认知，情感连接天然缺失。

也正因为如此，远程信任更易破、更难补。

一位腾讯的运营经理说得很中肯："我以前以为，只要我不犯错，信任就不会少。现在才明白，信任不是'不扣分'，而是'要加分'。别人要感受到你在乎这个团队，愿意为大家负责，才会把信任交出来。"

信任不是"别搞砸"，而是"你在发力"。

你要让别人感受到你在意团队，你愿意负责，你不躲不藏。这些，才是真正的"信任电量"。

它不是一种静态状态，而是一种需要被持续维护的团队能量，就像手机电量一样，需要定期充电：沟通更主动，信息更透明，反馈更真诚，行动更一致。

所以，当你发现团队有点散了，有点沉默了，有点各自为战了，别急着查流程、换工具，先问自己一句："是不是，我们的信任，掉电了？"

如何检测团队的信任感

在远程团队中，信任既是协作的前提，也是管理的底层驱动程序。那我们怎么判断一个团队的信任度到底够不够高？

美国著名管理学与神经科学教授保罗·扎克提出了一套科学信任模型，他发现：催产素（Oxytocin）分泌水平与组织成员间的信任感正相关。基于这一研究，他将信任拆解为八个维度，正好组成 Oxytocin 这个单词，如表 3-2 所示。

▼表 3-2　信任八因子

英文缩写	中文翻译	维度说明
O – Ovation	及时认可	及时认可努力与成就
X – eXpectation	明确目标	明确目标并持续反馈
Y – Yield	信任赋权	给足自主，允许试错
T – Transfer	授权自主	激发自我管理与责任感
O – Openness	信息透明	信息透明，善于分享
C – Caring	关心支持	体现人文关怀与支持
I – Invest	人才投入	在人才培养上真花时间
N – Natural	真实不装	做真实的自己，诚实而可信

这些维度不仅是信任的表现，更是可以被观测、被培养的组织行为。

保罗·扎克据此开发了一套管理者自查问卷，用以评估远程团队的信任水平。这些问题聚焦于管理者的日常行为。你可以用它来帮助管理者从团队成员视角反观自身的信任水平，如表 3-3 所示。

▼表 3-3　保罗·扎克信任检测问卷

序号	问题	所属维度
1	我的主管把错误当作成长机会	信任赋权
2	我的主管欣赏我在工作中的努力和进步	及时认可
3	我的主管愿意倾听并理解我的观点	关心支持
4	我的主管即使遇到挑战也坚持做正确的事	真实不装
5	我的主管为我提供完成工作的必要工具和资源	授权自主
6	我的主管会分享重要的信息和知识	信息透明
7	我有机会在工作中学习新技能	人才投入
8	我的主管鼓励我表达想法和建议	信息透明
9	我的主管帮助我发掘并发展潜力	人才投入
10	我的主管会及时、具体地认可我的努力和成就	及时认可
11	我的主管会设定明确且具有挑战性的目标	明确目标
12	我的主管让我有自由去决定如何完成工作	信任赋权
13	我的主管知道如何支持我的工作重点	关心支持
14	我的主管与我共同制定绩效目标	明确目标
15	我的主管充分发挥了我的专业能力	授权自主
16	我的主管能够诚实地分享自己的优点与不足	真实不装

我之所以推荐这套问卷，一方面是因为它基于神经科学的实证研究，更具生理学说服力；另一方面，它完全从员工的体验出发，能帮助管理者自查信任行为的强弱点，是非常实用的管理工具。

如果你想知道：我的团队信任感究竟高不高，不妨用这套问卷来测测，看看你在这些行为上，是"正在做"，还是"还没开始"？

　　信任不是宣言，而是行为细节的总和。

　　如果你发现你的远程团队中出现了"沉默多于表达""低效多于配合""说得多、做得少"的现象，不妨回到这套"信任八因子"来做一次系统扫描，看看是哪个维度"掉了电"。

第四章

**组织增效需要
一个引擎**

信任，是团队得以聚拢的引力子。它让成员即使身处异地，也能彼此靠近，不设防，建立起协作的基础。

但人聚在一起，并不意味着就一定能成事。

想要真正推动组织前进，还需要一个关键装置——引擎。

这个引擎，就是本章要讲的第二个组织增效之力：目标力。

远程团队最怕的不是没人干活，而是大家各忙各的。你往东边走，我向西边冲，表面上都在用劲，实则方向不一，力没往一处使，彼此消耗。

这正如阿里园区那座著名雕塑"愚人船"（见图 4-1）所展现的场景：六人同舟，却各划各的桨，最终不是齐头并进，而是原地打转，寸步难行。

▲ 图 4-1 阿里园区"愚人船"石雕：同舟共事，不如同向而行

没有共同的目标，团队就像一团飘浮在空中的尘埃，看似充满活力，实则乱作一团，只能在布朗运动中无序游走，始终逃脱不了低效的引力。

团队不是帮派，光搞好关系还不够，最终还是要靠结果说话。目标一旦模糊，没有形成共识，事情就难以做成；事情做不成，再深的信任也会逐渐瓦解，最终只剩下天各一方的"客气"。

目标，就像组织的动力系统——它不仅让团队找到方向，还能让分散的个体形成合力，把"靠在一起"真正变成"冲向远方"。

目标为什么如此重要？

要回答这个问题，我们得先问一个更基础的问题：什么样的团队才算是一个真正的团队？

从团队六要素说起

很多时候，我们默认"在一起干活，就是团队"。

曾有一次，我和一位远程部门的负责人聊天，我问他："你手上有几个团队？"

他想了想，说："我有三个团队，一个技术团队，一个内容团队，还有一个项目团队。"

我继续问："那你觉得，他们是真正的团队，还是只是'人群集合'？"

他愣了一下，说："啥意思？这不都在一起干活嘛，不是团队还能是什么？"

是啊，很多管理者都有这样的直觉认知。只要人聚在一起，分了工，有了产出，就默认是一个团队了。

但在远程环境下，如果我们不重新审视团队的组成要素，很多协作问题会反复出现，比如：

※ 成员自己都说不清"我们到底是不是一个团队"；

※ 目标不统一，各自拉弓各自射；

※ 任务扯不清边界，不知道谁该做、谁该配合；

※ 会开得多，效率却低，总感觉"散、虚、空"。

我们需要一个更清晰的结构模型来判断：眼前的这群人，是团队，还是团伙？

著名管理学者利·汤普森基于大量研究指出，高绩效团队往往都具备六大关键特征。我将其整理为一个好记又实用的模型——O-BASIC 模型：

※ O（Objective）目标：团队是否围绕一个清晰而共同的目标在努力？

※ B（Boundary）边界：团队的成员边界是否明确？谁是核心成员，谁是外围支持？

※ A（Accountability）责任：每个人是否明确自己的角色与交付内容？

※ S（Structure）结构：团队有没有清晰的协作结构？任务如何分配、决策如何发生？

※ I（Interaction）互动：团队内部的互动是否频繁、开放、有质量？

※ C（Context）环境：团队运行的环境是否稳定？是否受到组织文化、技术支持、政策流程等因素的影响？

这六大关键特征，构成了团队的"基本盘"。你可以把它当作一组"组织体检指标"——六项不齐，团队就难以健康运转。

而在这六项中，最显性、也最决定性的，就是第一项：目标。

目标，是团队存在的理由。如果目标不清，信任就失效，结构就空转，协作也将无的放矢。

就像物理世界中，逃离地球引力，需要第一宇宙速度；在组织世界中，穿透平庸、激发动力，也同样需要目标提供那一股"起飞的速度"。

尤其是在远程环境下，当我们无法依赖"办公室"这种物理空间将人捆在一起时，唯一能让团队聚焦前行的，是一个值得大家共同投入的、真正有力量的目标。

目标的力量：从阿波罗计划到岳家军

在真正的团队中，目标就像牵引火箭的引擎——不管系统多复杂，只要目标一致，就能形成合力。

举例来说。20世纪60年代的阿波罗登月计划，高峰时期集结了超30万人，遍布美国国家航空航天局（NASA）、科研机构、2万家企业和大学。这么庞大的体系，靠什么维系？不是靠汇报链，也不是靠制度，而是一个简单而坚定的共同目标：把人送上月球，并安全带回来。

再看一个同样具备"远程属性"的案例——马修·佩里远征日本。这支舰队远离本土、孤悬海外，面对高度不确定的国际局势，却始终方向坚定。总统没有下达具体战术，而是给了一个清晰的目标："迫使日本开国。"至于是用炮舰震慑，还是靠谈判达成，佩里完全可以自主决断。最终，他兵不血刃地完成了目标。很多时候，团队越是离散，越需目标来聚焦。这正是共同目标对远程团队的价值所在。

那么，当目标不一致，会发生什么？

历史上，岳家军与南宋朝廷便是典型一例。

岳飞在《满江红》中写道：

怒发冲冠，凭阑处、潇潇雨歇。抬望眼，仰天长啸，壮怀激烈。
三十功名尘与土，八千里路云和月。莫等闲、白了少年头，空悲切。
靖康耻，犹未雪。臣子恨，何时灭。驾长车，踏破贺兰山缺。壮志
饥餐胡虏肉，笑谈渴饮匈奴血。待从头、收拾旧山河，朝天阙。

誓言铮铮，壮志激烈，岳家军所向披靡，誓要收复河山。而南宋小朝廷追求的，却是偏安议和。他们既怕金军败亡后迎回徽钦二帝动摇统治，又怕岳飞功高震主难以控制。一个为复国而战，一个为自保而谋。

目标错位，最终导致岳飞冤死风波亭，岳家军土崩瓦解。

组织内部目标不一致，不只会带来内耗，更会击穿彼此的信任。尤其是在远程环境下，没有物理空间的粘连，一旦目标松动，团队就会迅速离心。

所以，当你判断一个远程团队是否"起飞"，先别看他们开了多少会、用了多少工具，而要先问一句：他们有没有同一个目标？

目标，是团队协作的起点。它不是口号，而是一股真正驱动每个人协作、贡献、冲刺的力量。在远程团队中，它更是效率的放大器，方向的校准器，起飞的"第一宇宙速度"。

管理者的工作层次

现实中，许多远程团队管理者常陷入两种极端：

※ 一类事无巨细，时刻盯进度，像高悬在团队上空的监控雷达，想管住每一步，结果压垮了自己，也压抑了团队；

※ 另一类则完全放养，只求结果，成了名副其实的"甩手掌柜"，以授权之名掩盖了管理的缺位。

那么，作为远程团队管理者，究竟该管什么？又该管到什么程度？

全球最大流媒体播放服务商 Netflix 的文化手册，曾被硅谷誉为"最重要的管理文件"，影响了全球无数企业，包括字节跳动。它的核心管理理念是："Context，not Control（使能，而非控制）"。

在这份手册的结尾，Netflix 引用了《小王子》中的一句话：

如果您想造一艘船，

不要老催人去采木，

忙着分配工作和发号施令。

而是要激起他们对浩瀚无垠大海的向往。

这句看似浪漫的话，其实隐含着管理的三层逻辑：

※ Why（为什么做）：激发团队成员的内驱力，让他们心中升起对"浩瀚无垠大海的向往"。

※ What（做什么）：为团队指明方向，告诉他们团队需要"造一艘船"。

※ How（怎么做）：落实推进步骤，让大家知道该怎么做。

仔细思考这三个层次，我发现，这与 OKR 的三层结构不谋而合（见图 4-2）：

※ O 对应 Why，是"大教堂"，是"诗与远方"；

※ KR 对应 What，是"度量衡"，是"眼前的苟且"；
※ Action 则对应 How，是行动，是"手中的活，脚下的路"。

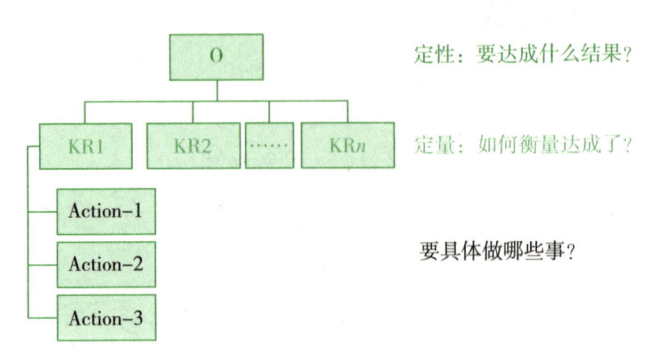

定性：要达成什么结果？

定量：如何衡量达成了？

要具体做哪些事？

▲ 图 4-2　OKR 三层结构

在远程场景下，管理者的"在场"价值被弱化，更应将注意力右移，从 How 转向 Why，花更多时间在 Why 层次的思考上，以此激发大家的工作动力。对于 What 层次，远程团队管理者应尽可能和团队成员一起共创。远程团队管理者应充分信任团队成员，赋予团队成员足够的自主权，把 How 层次的工作交给团队成员去思考，发挥他们的能动性（见图 4-3）。

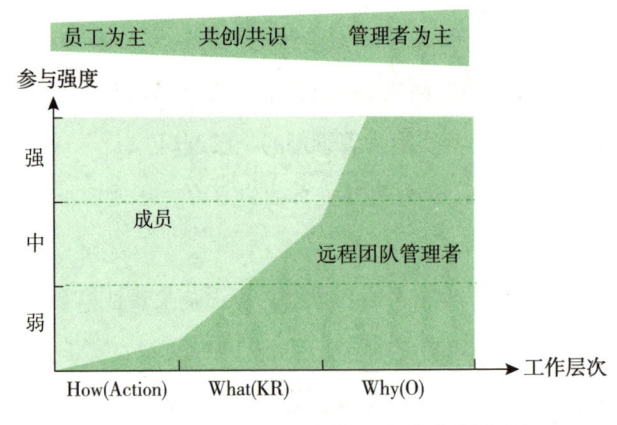

▲ 图 4-3　远程团队管理者工作层次图

腾讯有一位优秀的远程团队管理者，带领着一支分布在北京、上海、广州、深圳、西安五地的研发团队，不仅业绩出色，成员敬业度也很高，连续多年被评为公司优秀团队。他告诉我们，在精力分配上，他采用的是433工作法：

※ 40%用于调研客户，澄清产品需求；

※ 30%用于与团队沟通协作，推动方向对齐；

※ 30%用于团队管理与氛围营造。

他说："我的工作，是负责定义问题，不是提供答案。只要问题定义得准，团队总能交出漂亮的答卷。"

在这支团队中，真正掌握How的，是那些心怀技术尊严的工程师们；而管理者的职责，不是"教他们怎么做"，而是"点亮他们为什么要做"。

这正是X-团队所倡导的范式。斯隆管理学院教授安科纳与亨里克·布列斯曼指出：X-团队强调外部导向，致力于通过外部拓展与团队利益干系人建立广泛联系。研究表明，X-团队能够显著提升组织的敏捷性和行动力，这一团队模式已成功应用于产品开发、销售、制造等职能中。这位腾讯管理者就是一位践行者：他承担了外部导向的职责，眼睛始终瞄准外部客户，并将团队成员的工作重心导向到客户痛点上来，因此，这个团队能持续保持高绩效，似乎是顺理成章的事。很多管理者习惯于给解决方案，这是不对的，这对远程团队尤其致命，远程团队管理者不在现场，他们不可能比身处现场的员工更懂得如何去解决发生在现场的实际问题。

而反面案例也比比皆是。曾经，一家高科技企业的一个远程团队来了一位新负责人，他因出色的项目交付成果而被提拔。然而，他没有转变角色，依旧用过去管项目的思路在管这支团队。他对细节严苛至极，不容下属工作上有丁点差池。任何错误，哪怕只是在邮件中错用了一个标点符号，PPT字体偏差0.5磅，都会招致他的严厉批评。下属们对他的这一管理风格都非常抓狂。结果，团队压力陡增，氛围紧张，短短两个月核心骨干流失过半，最终战绩未成，人已散场。

远程团队管理者要努力避免高智商、低情商的现象，要善于用人所长，而非一味揭人之短，要通过团队成员去拿结果，而不是所有活都亲力亲为地自己一个人干。就像三国时代的对比：

※ 诸葛亮事必躬亲，忠诚尽责，却导致蜀汉人才断层；

※ 曹操善于授权，抓大放小，终成就魏国强盛格局。

远程团队管理尤其如此。管理者不应把自己定位成是拼命干活的"超级员工"，而应让自己成为团队的造梦者，要把愿景点燃，把舞台搭好，把资源匹配好，然后让队伍自己去冲锋。

当统帅沉溺于战术，团队便会丧失战略纵深；唯有站在 Why（O）与 What（KR）层次之上，构建起价值感与方向感，远程团队管理者才能真正带团队"起飞"。

如何提升目标力：从小梦想到共同目标

招式1：共识团队的小梦想

在企业层面，使命定义了组织存在的价值，是所有人努力的方向。对远程团队来说，这个"使命"可以是一句更加接地气的话——我们的小梦想。

小梦想不是一段写在墙上的标语，而是一支远程团队存在的理由。它就像一把火，点燃的是所有人心中的热望，连接的是彼此分散的时空坐标。它让团队成员明白：我们为何聚在一起，我们要共同奔赴何方。

对于开发团队来说，有一个明确而稳定的小梦想至关重要。在项目早期，小梦想甚至决定了后续项目成功 2/3 的可能性。在远程环境中，小梦想的力量被无限放大。没有了办公室的围墙、面对面的沟通，小梦想就成了最强的精神纽带。一旦它被团队真正共识，它不仅能唤醒热情，更能成为分布式协作中最明亮的灯塔。

那我们如何才能生成一个真正属于远程团队的小梦想呢？

组织专家乔恩·R.卡岑巴赫曾说："使命需要团队成员共创，它因协作而存在。"一个共创生成的小梦想，才会被团队真正认同与珍惜。优秀的团队会像培育一个孩子一样呵护它，时常回顾它、校准它，让它始终成为团队前行的灯塔。

在远程管理实践中，我发现，优秀团队生成小梦想往往遵循三个动作：走出去、站上去、沉下来。

走出去，看清我们为谁而战

小梦想要有力量，第一步是走出"自我"，走到客户中去。客户到底期待我们做什么？他们的真正痛点是什么？如果一个团队总躲在客户背后，看不见、听不到、感受不到他们，就注定会闭门造车。

这不是危言耸听。在一些大公司中，技术团队常被困在组织流程深处，成为一条冗长交付链中的"执行点"，早已听不到前方的"炮火声"。这样的团队是做不出有灵魂的产品的。

华为对此有深刻认知。我在华为做研发期间，华为要求研发人员每年必须至少去一次客户现场，去听客户的"炮火声"，去亲眼看看客户是如何使用产品，如何因一个小缺陷而焦头烂额，如何因为技术支持的"不给力"而失望离开的。一次现场走访，往往胜过百封邮件的远程反馈。去过客户现场再回到团队后，很多人都变了。以前觉得"可以等一等"的问题，如今变得非立即解决不可。那一刻，使命不再是抽象词汇，而成了他们心中真实的火苗。

站上去，看清我们这个组织为何而存在

站上去，是跳出自己的"岗位坐标"，尝试站在组织更高视角去理解：这个团队的存在，原本是为了什么？

比如有个开发团队，过去只是机械地执行设计部给出的需求，开发完交给

测试人员就完事。但他们发现，很多功能其实根本没人用。于是他们分析了历史数据，把使用率最低的功能整理出来，在部门层面做了复盘。这一行动震动了设计团队——原来，需求的精准度还有巨大提升空间。于是两个部门开始共创需求，开发团队也参与到前期调研中，避免了大量无效开发。

这就是"站上去"的力量。当你理解了团队设置的真正初衷，就不会被眼前那点"小活小事"绑住手脚，反而会激发出更有格局的小梦想。

沉下来，让每一个人都能对梦想说"这是我的"

最后一步，是沉下来，回到团队内部，坐下来共同思考：我们这群人，能为组织、为客户、为这个世界，带来何种独特的价值？

在这个过程中，不能仅靠PPT进行说教，而是要通过一场真诚的"心连心"交流来实现。可以尝试提出这样的问题："你希望3年后，我们这个团队成为什么样的团队？"引导每个人展开畅想，然后逐步提炼为一句话、一张图、一种信念。

很多时候，这样一次"沉下来"，才是小梦想真正诞生的时刻。它不是老板写好了让大家背诵的口号，而是在一次次共鸣中自然长出来的果实。

而团队小梦想最终长成什么样，很大程度上取决于管理者心中的愿力有多强。就像我们在第一章讲的，高绩效团队的活力90%源自管理者。当你心中有梦、敢于表达、乐于邀请别人一起来描绘，那梦想就会在团队中生根、发芽、开花。

OpenAI 团队的小梦想生成之旅

OpenAI的诞生史，就是一个梦想从模糊走向清晰、从个人走向团队的真实范本。

◆ 走出去，看见更大的世界

OpenAI联合创始人格雷格·布罗克曼（Greg Brockman）从小就是个程序

天才。他读过图灵的《计算机器与智能》，深受启发。高中时，他尝试写一个可以与人正常对话的机器人程序，却发现，市面上根本没人真正做到这一点——很多 AI 不过是"关键词回复器"，根本不懂人类说了什么。

大学期间，格雷格沉迷编程语言的研究。他的项目从静态分析到自动代码生成，无一不透露着对"让机器理解人类"的渴望。某天，他接到了还未成立的初创公司 Stripe 的邀请。就这样，他加入这个不到 5 人的小团队，并帮助它一路成长为 250 人的公司。创业成功后，格雷格选择离开，内心的"对 AI 的执念"始终未散。

那段时间，他走出了程序员的技术视角，进入了创业者的组织视角，也看见了更大的舞台。他想要的不只是能跑的代码，更希望人工智能能真正"懂人"，并以安全、可控的方式服务于全人类。

◆ 爬上去，找到指路人

2015 年 6 月，格雷格接到了硅谷传奇投资人、Y Combinator 总裁萨姆·奥特曼（Sam Altman）的电话。

奥特曼问："你接下来想做什么？"

格雷格说："我想创办一家 AI 公司。"

奥特曼接着说："我们也在筹备一项 AI 实验室项目，目标是构建安全的人类级 AI。"

电话那头的这句回答，击中了格雷格心中最柔软的地方。这不仅是他长久以来想做的事，更是一个让人热血沸腾的小梦想。

一个月后，奥特曼在门洛帕克组织了一场晚宴，邀请了特斯拉 CEO 埃隆·马斯克。席间，他们围绕"如何以最安全的方式推动 AI 发展"展开讨论。最终，他们达成共识：建立一家非营利机构，以排除商业利益对使命的干扰。

梦想不再是一个人的执念，而逐渐升格为一个组织的使命。

◆沉下来，让梦想在团队生根发芽

2015年11月，创始人团队开始物色成员。他们没有采用传统的面试方式，而是邀请候选人到户外徒步、散步、对谈。在远离会议室的自然环境中，每个人都敞开心扉，聊理想，聊技术，聊AI的未来。

"建立安全的人类级AI"这一梦想，不是一句领导口号，而是在众人交谈、共鸣、激荡中自然浮现的共识。

一次次交谈之后，他们给参与者发出了正式邀请。最终，除了一位明确不愿涉足AI的工程师外，其余人全部加入。这个小小的远程团队就此组建，带着一个比自己大得多的梦想启程了。

这个故事告诉我们，小梦想并非凭空而来，而是源于一次次真诚的对话，一次次对价值的认同。在远程协作中，更是如此。没有每天的朝夕相处，就更要用共同信念去连接彼此的心。

OpenAI的小梦想，是一束光，穿透了地理、组织、身份，把一群人牢牢地绑在一起。而他们的脚步，也真的改变了这个世界。

招式2：共创团队目标

有了小梦想，就像点燃了一把精神之火。但光有火还不够，团队还需要知道往哪走、怎么走。接下来的关键一招就是，如何把这团热情之火，变成一条清晰可行的路线图——也就是我们的共同目标。

小梦想是方向，而共同目标就是路线图和里程碑。一个远程团队，如果没有清晰的共同目标，就像是"有梦没导航"的飞船，容易在太空中失速漂移。

我们可以把小梦想比作团队的灯塔，它照亮前方，给予方向感。但真正驱动团队前行的，是一个个清晰可衡量的团队目标。这些目标像是一个个里程碑，标示着我们正走在通往梦想的路上，如图4-4所示。

这也解释了，为什么仅靠"远程会议"或"任务列表"，远远不足以把团队黏合在一起。真正有效的协作，来自大家共同制定、共同承诺的目标。

▲ 图 4-4　小梦想与团队目标关系

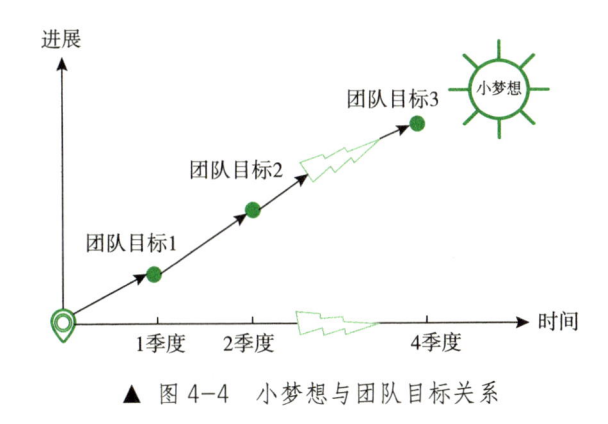

最怕的就是"空降"目标——上面定好了，下面照着做，大家成了任务执行器，而不是目标参与者。这样的目标，不仅落地难，还容易让团队沦为各自为政。

所以，我强烈建议：目标共创，务必要有"仪式感"。

如果条件允许，尽量安排一次线下共创营，把分散各地的团队成员召集起来，在破冰之后自然过渡到目标共创；如果线下不现实，也可以通过腾讯会议、飞书、Zoom 等在线会议平台，组织一次虚拟共创工作坊。

不管哪种形式，核心在于——让每一个人都能"看见彼此"，都能"参与其中"。当人们是目标的共同制定者，他们才更可能成为目标的自觉实践者。

如果你已经安排了破冰会，不妨顺势开启目标共创，让信任的"热身"推动共识的"起飞"。由于破冰会正好打开了大家的心门，增强了远程团队成员彼此之间的信任，接着破冰会开展目标共创会再适宜不过，把两个会串在一起开，能让团队成员在目标共创会上发生很好的化学反应。阿里有一句土话叫"虚事实做，实事虚做"，信任相对比较"虚"，而目标相对比较"实"，这两个会串联在一起，就是绝佳的虚实结合，借着信任感去催化更好的团队目标，通过共同的团队目标去升华大家的信任感，再没有比这更好的安排了。不要错过这个机会。

远程团队目标共创，建议遵循四步法（见图 4-5）：OKR 赋能 → 团队 O

共创→团队 KR 共创→确定 OKR 责任人。

OKR赋能
- 统一对OKR工具的理解，掌握OKR的工具逻辑、什么是高质量的OKR、OKR制定方法论

团队O共创
- 共创输出团队的O

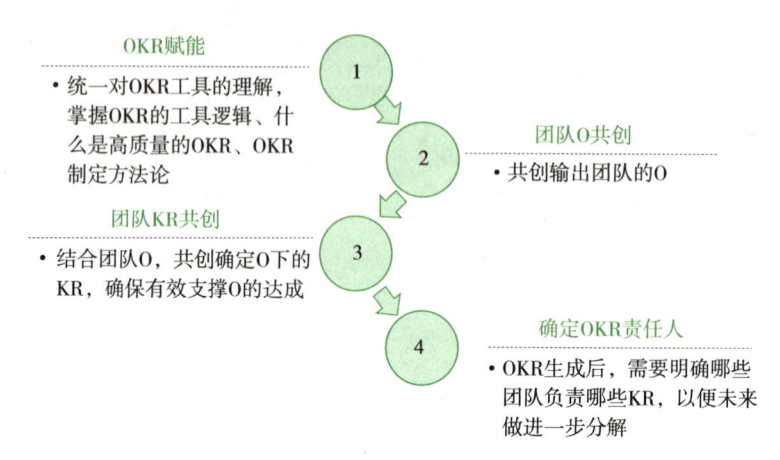

团队KR共创
- 结合团队O，共创确定O下的KR，确保有效支撑O的达成

确定OKR责任人
- OKR生成后，需要明确哪些团队负责哪些KR，以便未来做进一步分解

▲ 图 4-5　远程团队目标共创四步法

第一步：OKR 赋能

很多时候，我们很容易忽视对工具本身的理解。工具是团队的交流语言，当团队成员对 OKR 本身有不同的理解时，就像操着不同语言的一群人在沟通一样，虽然也能达成某种沟通效果，但毕竟效率低下，效果也要打折扣。因此，我强烈建议：在进行目标共创之前，哪怕花 10~30 分钟，就 OKR 工具本身做一个简要回顾，都是非常有价值的。

OKR 赋能赋什么？

首先要让所有参加共创的远程团队成员理解 OKR 的三层结构，就像我们在"远程团队管理者的工作层次"一节所看到的那样。OKR 的三层结构告诉我们，OKR 的根是 O，KR 围绕着 O 构建，Action 要围绕着 KR 去展开。我们不要一上来就去讨论销售收入要达成多少，用户量要达到多少，这些是 KR；也不要一上来就罗列一大堆我们要做的事，这些是 Action；它们不是不需要，而是应该在我们明确清楚 O 后再思考。

在明确了 OKR 的三层结构之后，要告诉大家一个好的 OKR 长什么样。很多人习惯了 KPI 时代衡量一个目标是否是好目标的 SMART 标准，即：具

体的（Specific）、可衡量的（Measurable）、可达到的（Attainable）、实际的（Realistic）、有时限的（Time-bound）。但他们不知道，SMART 早已过时，并不适合用来衡量一个 OKR 是不是好的 OKR。

优秀的 OKR 应遵循"CLASSIC"标准：

※ C（Customer-Oriented）客户导向：OKR 必须对客户有价值。别只看内部视角，例如"销量第一"未必是客户关心的，但"用户体验最好的产品"才有打动人心的力量。

※ L（Less）少而精：一个周期 O 不超过 5 个，每个 O 下 KR 不超过 4 个。聚焦少数关键战场，才能真正把资源打到点子上。

※ A（Aligned）上下协同：O 承接战略，KR 承接 O，OKR 之间彼此对齐，形成合力。如果组织战略不清，那就回到客户身上找 O，永远从价值出发。

※ S（Stimulating）鼓舞人心：好的 O 要能激起斗志，比如"再造一个微信"，有张力、有画面、有冲动。

※ S（Simple）简洁易记：O 越简单，越容易被记住。建议用一句话讲清楚目标，才能成为团队心中的"北极星"。

※ I（Incredible）适度挑战：KR 要有一定挑战性，成功概率在 50%~70% 之间为宜。高挑战带来高兴奋，就像华为余承东说的，"要做就做到最好"——这正是长期胜出的精神源泉。

※ C（Concrete）具体可衡量：KR 要落地可量化，最好数值与质量配对，既要关注数量突破，也要确保质量提升，比如"发明专利突破 100 件"配"专利创收同比增长 30%"。

最后，要告诉大家 OKR 的核心要义是什么。在实际开展 OKR 时，要遵循 OKR 的自下而上、公开、敏捷、与考核解耦的原则：

※ 自下而上：团队 OKR 不是主管一个人的 OKR，团队 OKR 是所有团队成员共同的 OKR。因此，要体现群策群力的精神。团队 OKR 应当是大家一起参与制定的。同时，个人 OKR 更应该自主去制定，并同团队 OKR 对齐，以实现力出一孔的合力。

※ **公开**：OKR 默认对大家公开，这意味着团队成员可以看见彼此的 OKR，这有助于远程团队成员之间更好地协同。

※ **敏捷**：通常，我们以季度为单位设定团队 OKR，但如果你觉得有必要，你也可以按双月频度制定 OKR，但一般不建议比这更短了。除了 OKR 制定周期要体现敏捷性外，在实施 OKR 的过程中，团队成员要形成一种约定：至少每双周要更新一次 OKR 的进展，以让各远程团队成员及时知悉相关进展。

※ **与考核解耦**：我们制定 OKR，是为了牵引我们走向更美好的未来，不是要给我们的绩效考核上一个保险箱。OKR 不应当和绩效考核混为一谈，考核是考核，OKR 是 OKR，OKR 不应当与考核直接画等号。如果你试图把 OKR 与考核直接关联，事实上就已经把 OKR 变成了 KPI。

你可以在《绩效使能：超越 OKR》一书中找到对这些原则更详细的解读。

第二步：团队 O 共创

在所有人都了解了 OKR 之后，接下来就要开始共创团队的 OKR 了。在过往的实践中，我发现很多团队总觉得花时间讨论虚头巴脑的 O 是浪费时间，他们更习惯于直奔主题地进入 KR 的讨论。我一直告诫大家，这样做是在舍本逐末。我看见过太多这样做的反例，印象最深刻的是在一个客户服务部门。这个客户服务部门有一支工具开发团队，负责开发客户问询、投诉处理相关的在线产品。一次，部门负责人召集部门的核心主管讨论当年的目标，他在会议一开始就告诉大家，今年部门的目标是将部门的一款客服产品的日活跃用户数（DAU）做到 1000 万。要知道，当时这款产品的 DAU 才 200 万，相当于翻上好几番。所有主管都觉得非常挑战，于是绞尽脑汁地想要通过哪些方法才能达成这一目标。有主管说可以通过提升算法的预测效力，判断哪些用户可能需要找客户，提前推送信息给他们，让他们登录这款客服产品以找到他们想要的答案……大家八仙过海，各显神通，但最后发现依然难以达成这一目标。于是有主管提议，可以尝试在用户登录系统时，给用户弹窗，问用户是否需要客服务，这可以显著提升产品的 DAU。大部分人都觉得这是个不错的主意，这样就可以顺利地完成提升产品的日活跃用户数到 1000 万的目标了。当时我正好也在场，于是问他们："你们部门的核心定位是什么？"

有主管不假思索地回答说："提升客户的购物体验。"

于是接着问："那我们现在列出的这些举措，哪些有助于提升客户的购物体验呢？"

大家开始沉思，接着开始叽叽喳喳讨论，最终，他们划掉了大部分之前讨论出来的举措。这个时候，有主管主动向部门负责人提出一个灵魂问题："我们为什么一定要把 DAU 提升到 1000 万，我们这样做希望达成的目的是什么？"

我意识到这是个好问题，把期待的目光投向了部门负责人。部门负责人解释说，他希望把这款产品打造成一款有影响力的智能客服产品，而要做到这一点，就必须先有足够的内部用户活跃度，以向市场证明它的可行性。

我回应说，那是否意味着，"打造一款有影响力的智能客服产品"才是我们真正的 O？他点头同意。

这个时候，大家才真正地回到 O 上，开始讨论什么才叫有影响力，产品日活跃用户数是一方面，能真正帮助用户解决哪些关键痛点是另一方面，这两个方面不可偏废。

这个案例告诉我们，如果抛下 O 去讨论 KR，很可能让我们误入歧途。

所以，团队 OKR 共创，一定要先共创 O，O 是纲，KR 是目，纲举才能目张。

那么，要如何共创远程团队的 O 呢？

通常，O 有 2 个主要来源：

※ **上层组织的战略**：远程团队作为更大的组织的一个单元，自然承担着一部分组织职能，需要与其他团队协同以完成更大的目标。例如，公司的销售团队签订了一个客户合同，要在 3 个月后交付客户一款产品，如果你所在的远程团队是开发团队，你的团队自然就需要承接这一产品开发任务，这是你的团

队 O 的一个来源。

※ **本层组织的洞察**：除了承接上层组织的战略，远程团队一定有一些自己希望主动做的工作。例如，你所在的远程团队是一个开发团队，你发现，团队的代码框架已经过时，很难方便地去做扩展，产品维护代价很大。这个时候，重构现有代码框架可能就是你的团队 O 的另一个来源，这源于你的洞察。

因此，在实际共创 O 时，我通常建议首先由团队的负责人讲解他对团队未来要做的事的一些思考，可以借此传递一些上层组织的方向要求。接着，让所有参会者从自身角度思考一个问题："如果我是团队负责人，我还希望做哪些事，才能更好点燃这个团队？"当所有参会者都有他自己的提案后，再把他们分成 3~5 人小组，在组内充分交流和碰撞，形成小组的 O 提案。最后，再进行小组间的讨论，收敛形成若干个 O，并对这些 O 进行取舍，最终生成 3~5 个 O。

第三步：团队 KR 共创

团队 O 生成之后，再进行团队 KR 的讨论。这个时候，通常来说不会再有特别大的问题。因为真正的目标已经明晰。

由于 KR 涉及怎么度量 O 的问题，因此需要讨论者在 O 上有一定的专业度和相关性。我会基于 O 的相关性将团队成员重新分组，以确保他们能生成有深度的 KR。团队 KR 共创依然遵循下面的步骤：

※ **Me（我）**：所有参会者独立思考"如果我是这个 O 的负责人，我要如何衡量它是否已达成？"每个参会者要生成自己的提案。

※ **Us（我们组）**：参会者在其所属小组内分享他的 KR 提案，同小组内的其他成员充分讨论和碰撞，以生成小组内共识的 KR。

※ **We（我们所有人）**：每个小组分享自己的提案，接受其他组的质疑，最终达成全场共识，形成最后的 KR 版本。

第四步：确定 OKR 责任人

在完成上述三步之后，远程团队的 OKR 也就生成了。此时，可以基于责任最大化原则，确定哪几个远程团队负责哪些 O 或者 O 的哪些 KR，以便在未来做进一步分解。

举例来说，一个远程团队的成员分散在北京、上海、深圳、广州、西安五个地方，他们共创生成了一个 O："短视频产品进入市场第一梯队"，并围绕这个 O 生成了 3 条 KR，分别是：

KR1：DAU 突破 1 亿；

KR2：用户次日留存达到 80%；

KR3：首度实现盈亏平衡。

最后，他们明确了每个 KR 的责任分工。北京和上海总部主要做产品开发，因此他们负责 KR1；广州和西安团队主要做用户运营，因此 KR2 由他们负责；而深圳团队主要负责产品的商业化，于是 KR3 留给他们，深圳的商业化团队还提出：希望广州的用户运营团队一起参与进来，以便盘活高价值用户，因此最终 KR3 由深圳和广州团队共同负责。这样，远程团队的 OKR 大图就生成了，如图 4-6 所示。

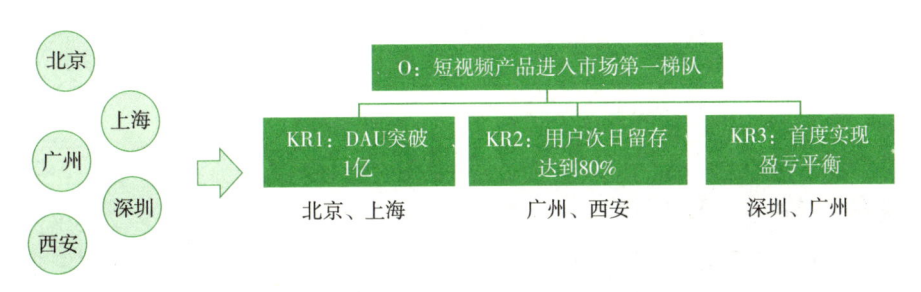

▲ 图 4-6 远程团队 OKR 大图示例

◆ 远程团队需要明晰的责任分工

在团队目标生成后，接下来要将责任具体到人，这对远程团队尤其重要。

清晰的责任分工有利于远程团队成员各司其职地展开后续工作。作为远程团队管理者，对任何一件事情，都要尽可能明晰它的负责人（Responsible for）、参与人（Accountable for）、指导人（Consulted）和知会人（Informed）分别是谁，简称 RACI。

负责人（Responsible for）：对一件事情唯一负责的人，他是这件事情的 CEO，负责人只能有一个，以避免多头指挥、龙多不治水的现象。

参与人（Accountable for）：致力于一起完成一件事情的相关人，参与人可以有多个。

指导人（Consulted）：为这件事情提供指导的人，相当于是这件事情的顾问。指导人可以是 0 个或多个。

知会人（Informed）：哪些人会受这件事情的影响，或者关心这件事情的进展？

一个示例如表 4-1 所示。

▼ 表 4-1　事项的 RACI 表

事项	责任人	参与人	指导人	知会人
DAU 突破 1 亿	小李	张三、李四	CEO	王五 赵四
用户次日留存达到 80%	小王	刘一	首席运营官 COO	市场部
首度实现盈亏平衡	小张	谢六	首席财务官 CFO	财务部

◆ 借助在线工具的支持

有时，由于客观原因（如疫情），很难把分散在各地的远程团队成员召集到一起进行 OKR 共创。此时，可以借助腾讯会议、钉钉、飞书等在线会议将大家进行虚拟分组，让小组成员在线上讨论。虽然效果比不上现场，但技术的进步，让如今的在线讨论已经可以达成 60%~70% 的现场讨论效果，也是可以一试的。

在线讨论的输出，也可以借助腾讯文档、飞书文档、钉钉文档等在线文档的支持。在线文档有一个好处，就是所有人都能实时编辑和实时可视，借助它进行线上 OKR 共创，非常有帮助。

还有一些专业平台提供了虚拟会议室、虚拟白板等功能，可以方便地进行在线 OKR 共创，你可以根据你的需要选择运用。

给团队一个起飞速度

2024 年初，字节跳动 CEO 梁汝波在一次全员会上，分享了一句发人深省的话。他在一页 PPT（见图 4-7）上写道："始终创业，逃逸平庸的重力。"

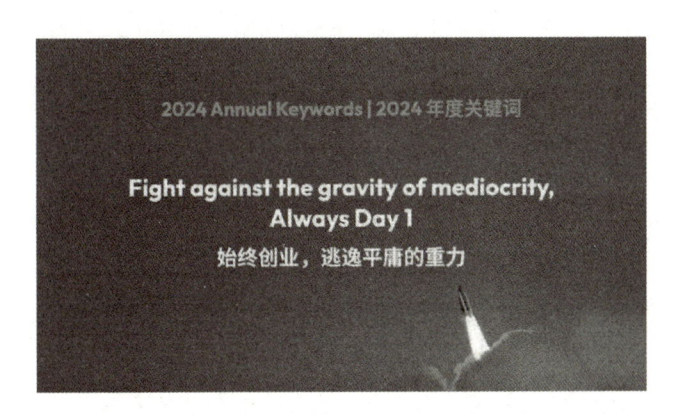

▲ 图 4-7　字节跳动 CEO 梁汝波全员会 PPT

这句话不仅为字节定下了当年的基调，也为所有远程团队管理者提供了一个深刻的隐喻。

他解释说：一个组织就像一艘飞船，如果无法达到逃逸速度，就会被地心引力拉回原点，陷入平庸的轨道，失去向外突破的动力。

在远程团队管理中，我们也面临类似的挑战。团队如何真正"飞起来"，靠的不是一次燃烧，而是持续的动力——而目标力，正是这种动力的核心。

在远程团队的领导力模型中，信任是基础，是团队的"引力子"，让人彼此靠近；而目标则是"逃逸速度"，是让团队真正脱离惯性、突破边界、飞向远方的加速度。

有了信任，团队才能连接成一个整体；有了目标，团队才能拧成一股合力，共同奔向愿景。只有当团队成员共同拥有清晰、一致的目标，这支团队才会具备真正的"起飞速度"。目标共识越强，团队的动能越大；飞得越高，也飞得更远。这正是远程团队中高效协作的秘诀：高信任支撑连接，高共识推动飞行。

所以，当你思考如何带领远程团队突破惯性，走向高绩效时，不妨先问问自己：

※ 我的团队，有没有那团"凝聚的火"？
※ 我的团队，有没有那把"飞行的舵"？

共识小梦想，是凝聚的火；共创团队目标，是飞行的舵。

有了梦想，有了方向，分好责任，远程团队才算真正拥有了"起飞的速度"。

第五章

组织增效需要一个通信体系

上一章，我们谈到"目标力"就像是为远程团队装上了一台引擎，让它得以冲破平庸的重力，迈向清晰的远方。

而本章将聚焦于另一个关键系统——规则力，它就像一套通信与导航系统，确保团队即使飞上高空，也能始终保持联系，协同作战。

目标能告诉我们去哪儿，但没有规则，我们可能永远到不了。尤其在远程团队中，每一位成员都像在驾驶各自的"飞行器"，分布在不同的时区、地点和节奏中。没有清晰的规则，他们很可能在虚空中迷航或撞机。

规则，是远程团队协同的底层保障。

在传统办公场景中，很多规则是隐性的——上下班的问候声、会议室的灯光、老板一个眼神、茶水间的一句玩笑，都是团队氛围和秩序的一部分。但在远程环境中，这些感知氛围感的线索全部消失。没有制度化的明确约定，就没有秩序；没有秩序，就没有真正意义上的高效协作。

规则力的本质，是组织协作的常设机制。

它不是繁文缛节，不是限制自由的条条框框，而是为了让远程团队在看不见彼此的状态下，也能拥有同频率的判断、同一把尺子的评判和同一种方式的做事方法。它让分布各地的个体，时刻用同一种语言对话，确保协同有节奏，配合有标准，效率有保障。

从"靠人盯"到"用规则管"：三个故事的启发

在讲规则力之前，我想先分享三个真实的小故事，分别来自我的家庭教育实践和在华为的远程项目管理经历。这些故事，会帮助我们更直观地感受到：规则究竟是怎么潜移默化地提升管理效能的？

故事1：延迟听写"处方"药

我儿子还在上小学,是个自信满满的小朋友。有多自信?新学一个汉字或者一个英语单词,总是只匆匆看上两眼,就报告说他完全掌握了,申请我们给他做听写检查。结果,大多数时候他写出来的错字连篇,惨不忍睹。这种情况一而再、再而三地发生,在消磨我们耐心的同时,却丝毫没有损耗他一分一毫的自信心,他总是底气十足。

为了彻底"根治"他这种"一看就会,一写就废"的盲目自信毛病,我们坐下来聊了很久,协商出了一个延迟听写"处方":

※ 我们依然尊重他的"指示",他说什么时候掌握了,我们就什么时候给他听写。

※ 但一旦听写正确率低于80%,他就必须写一份小小的复盘报告,分析出错原因,以及下次如何避免。

※ 每复盘一次,下次听写的等待时间就翻倍:10分钟、20分钟、40分钟……直到真正准备充分。

几次"服药"之后,他开始主动说:"我还要多复习一下。"从"拿起书就听写",到"认真准备再上阵",他的自信也从虚高开始回落到正常水平。

故事2：从"日日不记"到真日记

孩子写日记这事儿,我们家也折腾了很久。刚开始,只要我一出差,他们的日记本就自动"休眠",玩得比写得起劲。问起原因,永远是那几句:"今天作业太多""周末就该放松下嘛"……

作为常年与文字打交道的父亲,我深知写作是思维的体操,这种三天打鱼两天晒网的做法,终将荒废孩子的书面表达能力。

于是,我们开了个家庭会议,聊了写作的意义——不是为了写给谁看,而是记录生活、表达情感、训练思维。最终,全家一起制定了一份《家庭写作公约》,具体包括5条规则:

1. **完成即奖励**：只要在每晚 9：30 前写下哪怕一句话，就记基础完成分 2 分。

2. **结构清晰**：起承转合，有逻辑，加 3 分。

3. **语言生动**：有成语、古诗、妙喻，加 3 分。

4. **情感细腻**：能打动人心，加 3 分。

5. **节奏流畅**：整体行文流畅，内容紧凑，加 4 分。

我们还选出了一篇范文：

> 2023 年 10 月 5 日 星期四 晴
>
> 今天阳光明媚，但我的心情却忐忑不安。
>
> 早上语文试卷发下来时，我低头默默祈祷：可别考砸啊！没想到竟然看到的是 97 这个高分数字，在确信没看走眼后，我顿时心花怒放，开始有些飘飘然了。课堂上，老师表扬了我的进步，同学们也纷纷投来赞许的目光。
>
> 放学时，我轻快地走在回家的路上，像一只蹦蹦跳跳的小兔子似的，我要赶紧回家，和爸妈分享我的进步。

作为奖励，孩子们可以用他们获得的日记评分解锁 Switch 游戏时长。日记得了多少分，在周末就可以玩多少分钟的 Switch 游戏。如果每天都能得满分 15 分，那一周下来，就能得到 105 分，这样周末就可以玩上一个半小时的 Switch 游戏了。对他们来说，这是非常有吸引力的激励方案。

从此，写日记变成了"升级打怪"：有人苦思冥想造妙句，有人翻书找诗词，甚至比写作业还投入。无论我出差与否，日记都会雷打不动地记。一年坚持下来，两个孩子都从原来的"勉强写"变成了"喜欢写"，写作能力也大有进步。

而这，正是规则的力量。

故事 3：从推诿内耗到高效协同

管理远程团队，最怕什么？不是距离远，而是工作乱、协作卡。

我曾在华为负责一个软件项目，项目成员分布在北京、南京、印度班加罗尔三地。结构如下：

※ 印度团队写基础模块；

※ 南京团队负责功能集成；

※ 北京团队最终交付客户产品。

合作之初，各地团队矛盾不断：

※ 北京吐槽南京："你们交的模块问题太多！"

※ 南京甩锅印度："根本是他们代码不稳定！"

※ 印度则反咬一句："你们根本没按接口规范用！"

我成了三方"和事佬"，忙得团团转，但根本问题没解决。

后来，一个资深项目经理点醒了我："你不能靠人盯，要靠规则管。"

于是，我召集三地团队，摊开问题，集体梳理，然后共创了五条运作规则：

1. 下游即客户：南京是印度的客户，北京是南京的客户。

2. 一次做对：各自对自己产出质量负责，我会记录各模块缺陷数，每日通报。

3. 首问负责制：谁被问到，谁就负责到底，不能"踢皮球"。

4. 日报互通：日报不再只报本地团队，三方日报相互抄送，实现信息透明。

5. 人力借力机制：项目关键期可跨组"借兵"，借出多少，后续需归还多少。

自此，协作大为顺畅，扯皮少了，效率高了。我也从"救火队长"变成了"守则管理员"。

这一经历，让我真正明白：远程团队，不怕物理距离远，就怕没有共同语言和行为边界。而规则，就是让大家在同一套"操作系统"下协同工作的通信接口。

正如哈佛大学研究所揭示的那样：高效团队最重要的标志，不是人多也不是技术牛，而是有没有一套清晰、被全员认同和遵守的行为规范。

车同轨，书同文，行同伦；量同衡，度同尺

在春秋战国时期，中国实行的是诸侯分封制。诸侯国在自己的领地上"各自为政"，发布不同的政令，使用各自的语言和文字，沟通成本极高。史书记载，当时诸侯国曾多达百余个，战事频仍，彼此征伐，持续数百年，直到秦朝完成统一。

然而，六国虽亡，分裂遗绪犹存。统一后的中国依然面临一个棘手难题：政令不通，制度割裂，文化碎片。面对这种局面，秦始皇推行了一项历史意义极为深远的制度改革："车同轨，书同文，行同伦；量同衡，度同尺。"

这套体系实质上就是一整套国家级别的统一规则系统。从制度到文化，从语言到交通，从价值观到执行标准，层层递进，深刻影响了整个中国的治理结构。

让我们一项一项来看。

车同轨：统一标准，提升流动效率

车同轨，指的是全国的马车统一轨距，统一道路规格。这不仅仅是车辆规制的事，更是信息、物资、军队能否高效流动的大问题。

想象一下，今天你习惯在内地靠右行车，突然要在香港靠左开车，适应起来都很困难。而秦朝面对的是"六国六种车轨"，道路系统各自为政，运输、传令、调兵都极其低效。为此，秦朝花了十年时间，打造以咸阳为中心、向四方辐射的驰道网络，完成了国家层面的交通基础统一。

这套交通体系，不仅服务于物理运输，更支撑了后续书同文和行同伦的推行。因为只有"跑得通"，信息才"传得快"。

书同文：统一语言，建立信息互通的基石

书同文意味着全国文字统一。秦朝正式确立小篆为官方书写文字，从而结束了各国长期自立文字体系、互不兼容的混乱状态。

这不仅大大降低了政令下达和百姓识读的门槛，也为后续汉字书写体系的确立打下了基础。就像一个组织里的成员，如果每人用一套文档格式，命名习惯都不同，协作效率将大打折扣。

秦朝的书同文实际上奠定了中国文化一体化的基础，汉朝承秦制，最终形成了绵延两千多年的书写规范。

行同伦：统一风俗，塑造共同的文化认同

在"车"和"书"统一之后，秦始皇更进一步推行行同伦，即希望在礼仪、习俗、价值观等方面建立共识，构建你中有我、我中有你的命运共同体。这是国家认同感的构建，是"同一个中国人"的文化心理根基。

交通统一，是"身体走得通"；语言统一，是"信息能跑通"；而风俗统一，才是"心能走到一块去"。这三者之间其实形成了一个螺旋递进的过程：

※ 车同轨，是保障沟通的物理通道；
※ 书同文，是打通沟通的语言障碍；
※ 行同伦，是消除沟通的心理隔阂。

换句话说，最终目标不是让车能跑得更远，而是让人能靠得更近。

量同衡，度同尺：统一标准，保障公平

为了实现公平交易、精准治理，秦朝还推行了"量同衡，度同尺"的度量衡改革。以原秦国度量衡体系为标准，统一全国标准器，并发放到各地，废除地方旧制，凡与标准器不一致的，通通作废。

这项改革极大提高了市场秩序与政府效率。正所谓"用一把尺子，量全国的长度；用一个标准，管万千的交易"。

通过"车同轨，书同文，行同伦；量同衡，度同尺"，秦朝从物理连接、信息互通、文化认同、制度规范四个层面，构建了一整套系统性的国家级规则力。

虽说秦朝仅存十四年，但这套规则系统所奠定的统一格局，却影响了此后两千多年的中国治理模式。

对现代组织来说，尤其是远程团队，这套制度背后的逻辑依然适用：要实现"远而不散"，靠的不是靠近，而是统一——统一标准、统一语言、统一预期。

否则，"各地各制、各人各法"，看似自由，实则混乱。真正的高效，不是放养，而是"有章可循"。

如何提升规则力：从行为规则到评价规则

目标是方向，规则是红绿灯。规则，是让远程团队从"松散各自为战"走向"协同同频共振"的隐形力量。

招式1：制定行为规则，让团队步调一致

"车同轨，书同文"，本质上是让分散各地的远程团队拥有统一的行事标准。而"行同伦"，更进一步，指的是要有一套共同的行为规范，统一价值观、统一习惯、统一认知。

你的远程团队也需要做到"车同轨，书同文"，可以通过建立团队行为规则来做到这一点。团队行为规则清晰地描述了远程团队成员的团队责任以及行事规则，最大程度地消除歧义和猜忌，让团队能更有效率地工作。

那么，要怎么样去建立团队规则呢？

很多团队习惯由管理者去冥思苦想一通，然后大笔一挥，想当然地生成一堆漂亮的团队规则，诸如"团队四不做""团队五大纪律""团队八要八不要"

之类，看似工整有力，但却无法真正走进团队成员心中，让大家发自内心地去践行。这些行为规则最终多半沦为挂在墙上的漂亮口号，领导说领导的，员工依然自己做自己的，在规则和行动之间存在一道总也逾越不过去的鸿沟。

远程团队的规则，不是某个领导单方面拍脑袋定出来的"家规"，而是整个团队一起商量出来的"共识书"。唯有共识，才能让规则从纸面走进人心，成为大家真正愿意践行的行为指南。所以，一定要和大家一起探讨，探讨得越深入，执行的效果越好。

在和大家一起生成团队规则时，要注意挖掘每个团队规则背后的故事，它们能让团队规则更加地有血有肉。

规则的制定还应该尊重人性。任俊正博士在《管理的细节》一书中举过一个例子。说是一个图书馆建成后，要在前面的草地上修条路，但到底应该如何修，大家争论不休。后来采取了一种方法，就是先不修路，而是种上草，让人们自然地去踩出一条路来，再沿着踩过的路线来修。这样修出来的路才是最好的路，因为它最人性化，最符合人们潜意识下的选择，别的选择都多少带有试图把自己意见强加给别人的意思，只不过强弱程度不同罢了。远程团队管理者在制定团队规则时，若能先让大家先自然地去"踩出一条路来"，再把它变成"正道"，就会是最好的规则。

一般来说，远程团队需要针对沟通、决策、学习和互助四个维度建立相应的团队规则，如表5-1所示：

▼表5-1　典型团队规则

维度	规则描述
沟通规则	勇敢地提问，哪怕这个提问看上去很幼稚 下班前回复所有的邮件/微信/钉钉/飞书，哪怕你现在没有答案，也要有所回应，确保每天的邮件和即时通信消息做到日回日清，不拖延 当需要和同事交流时，尽可能一次性汇集你所希望交流的事项，减少频繁打扰 保持每周一次团队线上会议，会上人人发言、充分互动 当与他人发生冲突时，直面冲突而不回避冲突，和他/她一起解决冲突，不在背后打小报告 及时对同事的工作给予反馈，真诚的反馈是同事成长路上最好的礼物

续表

维度	规则描述
决策规则	与事相关的决策，尽可能公开决策；与人相关的决策，尽可能有言在先 实行唯一责任人制，在责任问题上不撒胡椒面，确保凡事有交代，件件有着落 尊重他人意见，君子和而不同，每个人都有自由表达自己想法的权利和义务 在充分听取他人意见的基础上，最终决策权归唯一责任人
学习规则	分享是最好的学习，向他人分享知识和经验，既是在帮助他人，更是在帮助自己 乐于在团队中分享有趣的生活趣事 三人行必有我师，持续学习他人和其他团队的成功经验，不重复造轮子
互助规则	利他就是利我，在完成本职工作的基础上，为他人提供力所能及的帮助

例如，拿下面这条沟通规则来说：

"当需要和同事交流时，尽可能一次性汇集你所希望交流的事项，减少频繁打扰。"

我们为什么要制定这条团队规则呢？其实是团队里不少人反馈，在工作时间里，像微信、钉钉、飞书这样的即时通信工具总会时不时地冒出来一些消息，打扰大家，造成不断地在处理消息和工作之间切换，非常影响工作效率。为了让大家意识到这一点，一位同事在研讨现场带领大家做了一个小实验，他设计了两种工作模式，一种是连续工作模式，一种是频繁切换模式，过程如图 5-1 所示。

频繁切换模式要求先在一列顺序写一个字母，再在另一列顺序写一个数字；而连续工作模式则要求先顺序写 10 个字母，再顺序写 10 个数字。分别统计大家在两种模式下所花费的时间，结果显示，平均而言，大家在频繁切换模式下花费了 20~40 秒时间，而在连续工作模式下只花费了 10~20 秒时间，连续工作模式下的工作效率要高出约 1 倍。这个简短的实验让大家深深地意识到频繁打扰带来的工作效率损失，于是，大家就提出了这条团队规则："当需要和同事交流时，尽可能一次性汇集你所希望交流的事项，减少频繁打扰。"

小实验带来的认知冲击，结合大家自己亲历的痛点，让这条"减少打扰"的规则从"别人的建议"变成了"自己的选择"。一旦规则成为自己的选择，就不再需要外在监督，大家就会自驱地去践行它。

方式一：频繁切换模式			方式二：连续工作模式	
字母	数字		字母	数字
A	1		A	1
B	2		B	2
C	3		…	3
…	…	VS.	J	10
…	…		K	11
…	…		…	…
…	…		T	20
…	…		U	21
Z	26		…	…

▲ 图 5-1　两种工作模式示例

再比如，我们为什么要有一条沟通规则叫"保持每周一次团队线上会议，会上人人发言、充分互动"。其实是我们发现，远程团队成员天各一方，很容易各忙各的，工作节奏很难同频，临时召集大家开会也常常难以凑齐。因此团队固定了一个例会时间，在这一时间里，大家暂时放下手头的工作来到线上空间，进行线上小聚，讨论业务，拉拉家常，拉近彼此的距离。一个团队一定要有一些固定的聚会时间，这样才能真正成为一个团队。这就好比一个国家总有些固定的节日，如中国的春节、西方的圣诞节一般，是这些节日让大家形成了共同的集体认知。一个成功的远程团队，一定要保留一定频度的线上聚会。过去，我在华为带领印度孟买团队时，一直坚持这一做法：每周五下午雷打不动地召开项目例会，一起评审产品代码，一起话家常、聊八卦。一年之后，虽然我离开了这个团队，但它却形成了强大的集体心智。偶尔，还会有一两个曾经的团队成员在周五下午的例会时间给我发信息，打趣地说："现在是团队例会时间了，你怎么还不上线？"一个小小的线上会议，只要持之以恒地坚持下去，就能凝聚出强大的团队心智。

团队行为规则制定出来后，不能让它停留在口号层面，它应当是严肃的，是所有远程团队成员共同的行为做事准则。因此，远程团队管理者要定期评估大家对团队规则的遵从度。远程团队管理者可以在团队里任命一个"团队文化官"，让他/她帮助收集团队里那些能体现团队规则的故事，从而让抽象的团队规则变得更立体，也让所有团队成员都知道什么才是我们这个团队倡导的。对于违反团队规则的行为，远程团队管理者要敢于指出，绝不能纵容。规则会在一次次纵容中变得形同虚设。只有不断地自检，才能始终确保远程团队"行同伦"。

很多团队之所以规则难落地，是因为它们停留在"写了什么"，却忽视了"靠什么推得动"。规则若想真正发挥力量，必须是"规则—机制—实践—工具"一整套系统工程。这也是我们提出"4P规则体系"的原因。

通常，一个完备的远程团队规则体系，应完整地包含原则（Principle）、政策（Policy）、实践（Practice）、产品（Product）四个层次，由于这四个层次的英文字母都以P开头，故简称为4P规则体系，如图5-2所示。

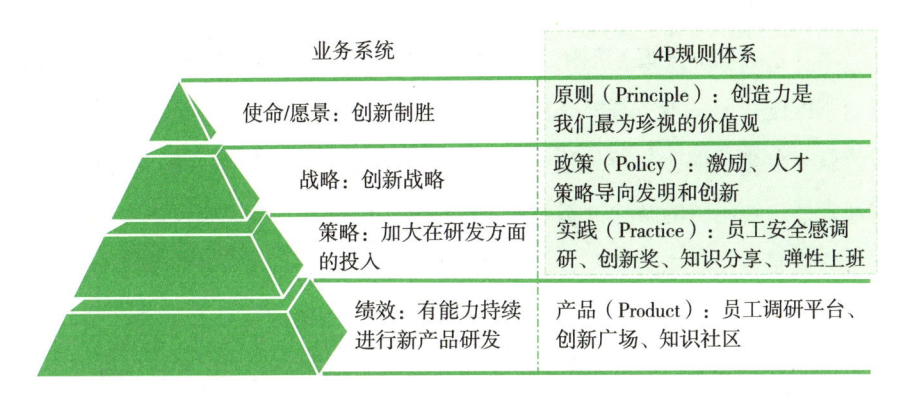

业务系统	4P规则体系
使命/愿景：创新制胜	原则（Principle）：创造力是我们最为珍视的价值观
战略：创新战略	政策（Policy）：激励、人才策略导向发明和创新
策略：加大在研发方面的投入	实践（Practice）：员工安全感调研、创新奖、知识分享、弹性上班
绩效：有能力持续进行新产品研发	产品（Product）：员工调研平台、创新广场、知识社区

▲ 图5-2　完备的团队规则体系

在完备的团队规则体系中，右侧的4P规则体系与左侧的4层业务系统逐一对应，体现了团队规则作为生产关系，对生产力（业务）的支撑关系：

※ 最顶层是原则层次，匹配的是组织的使命、愿景、价值观；
※ 第二层是政策层次，匹配的是组织战略；

※ 第三层是实践层次，匹配的是组织的策略、打法和项目；

※ 第四层是产品层次，匹配的是组织的绩效。

我们在构建团队规则体系时，也应从这四个层次去考虑。

第一，我们团队的做事原则是什么？我们在表5-1中介绍的团队规则，事实上居于该层次。原则是支撑团队使命和愿景的。由于使命和愿景通常聚焦的是3年以上的时间范围，因此与之匹配的原则也相应具有普适性。这意味着，一旦原则制定出来，它们在相当长的一段时间里是比较稳定的。例如，一个团队的使命是创新制胜，那么它相应地就会有一条原则是"创造力是我们最为珍视的价值观"。原则对组织运作具有非常重要的指导价值。对一个团队来说，原则体现为团队规则；对一个组织来说，原则通常体现为组织的价值观体系。在阿里成立之初，前首席运营官关明生曾帮助阿里梳理出了其价值观体系——"六脉神剑"，这一价值观体系虽然在阿里成长过程中不断演进，但其基础体系仍然沿用了当初框架，足见其对阿里的影响力。阿里至今每每追溯其文化历史，都会感谢关明生的贡献。

第二，我们的政策/机制是什么？原则匹配的是团队的使命/愿景，政策/机制则匹配团队的业务战略。团队的使命是"创新制胜"，为此，团队的战略自然就是创新战略。要落地这一战略，团队的政策和机制要导向发明和创新，这通常体现在团队的激励机制和人才策略两个维度上。又比如，华为确定了一条价值观是以奋斗者为中心，这是原则层次的，那么，需要制定哪些政策/机制去落地"以奋斗者为中心"这一价值观呢？华为制定了一个出差补贴政策，将全球国家划分为一类、二类、三类艰苦地区，不同艰苦地区的补贴标准不一样，向艰苦地区倾斜。

第三，政策在哪些地方落地了？匹配团队的创新战略，团队的具体策略是加大在研发面的投入，那么，匹配这一策略，团队要开展若干实践，包括员工安全感调研、设立创新奖、鼓励知识分享、实施弹性上班制度等，这些实践实施了，才能让大家感受到团队的创新氛围。又比如，在华为的例子中，匹配"以奋斗者为中心"这一价值观，公司设计了新的出差补贴制度，但这一制度在多少国家被执行落地了呢？这个具体落地的国家、覆盖的人数，就是你的实践。没有实践支撑，原则、政策就没有走完"最后一公里"，功夫就不算真正到家，也容易流于形式。

最后，我们要善于虚实做事，把软性的实践，升级为实实在在的可见的产品。团队创新的体现，是有能力持续进行新产品研发，这是业务系统的要求，对应到团队规则系统中，我们也要有相应的产品，例如员工调研平台、创新广场、知识社区等。在数字化无所不在的今天，我们不能只是做重复性工作，要善于将简单工作模板化、复杂工作数字化、系统工作IT化，生成模板化、数字化、IT化产品。简单工作模板化说的是，你做人力分析，要借助EXCEL模板和公式，做完一次后再做第二次的时候，直接替换数据就能出结果；复杂工作数字化说的是，你做了大量的访谈，访谈也生成了大量的访谈记录，此时你要怎么去做分析呢？你不能直接用EXCEL帮你完成，但如果你懂一点简单的编程语言，如PYTHON语言，或R语言，你就可以快速地去做一些文本分类、分词、词频的处理，可以大大地提高你的工作效率。更进一步，如果你要频繁地做组织诊断，那么，你可能需要打造一个组织诊断的IT系统，让你的分析逻辑在IT系统上去实现，借助IT系统去快速、批量地处理复杂的分析工作。

远程团队管理者如果能有意识地去构建完善的4P规则体系，并沿着这一逻辑去经营团队，团队效率一定会越来越高，团队经验也一定会快速积累，从而让远程团队越来越成功，管理也越来越轻松。

一套好的行为规则，不只是约束，更是一种赋能。它像是团队这台远程引擎的润滑剂，降低摩擦，提升协同效率。更重要的是，它为团队设定了一个共同的"心理坐标系"，让身处不同城市、面对不同任务的每个人，都能在相同的规则之下看见彼此，朝同一个方向前行。

招式2：评价规则有言在先

在远程团队中，没有什么比"你是怎么评价我的"更容易引发误解。很多人最怕的不是工作多、节奏快，而是不清楚管理者是如何评价自己的。

在没有明确评价规则的情况下，员工很容易陷入猜疑：

※ "他是不是更喜欢身边的人？"

※ "我做了那么多，凭什么晋升的是别人？"

※ "是不是现场团队更吃香，远程团队干得再多也看不到？"

你不说，他们就会用脑补来"填空"。所以，远程团队管理者一定要对评价规则"有言在先"，不能让规则成为"潜规则"。

一位在深圳的腾讯主管告诉我们，他的团队近期收到了一个员工的职级晋升申诉。他管理着两个团队，一个在北京，一个在深圳。这次两个团队同时有一个员工申报晋升职级。他评估了两人的专业能力，最终通过了深圳团队员工的申请，而没有通过北京员工的晋升申请。北京团队的员工非常气愤。收到不通过结果的第一天，他就在团队中抱怨："领导一直偏袒深圳团队，北京团队每次分到的都是边缘项目，到职级评审的时候也不客观，把北京的名额让给了深圳，太不公平了！"这位主管了解到这样的反馈后，感到很难受。他是职级晋升评审委员，管理风格也是出了名的严厉且公正。他对我们叫屈道："要是他多了解我一些，绝对不会误以为我是这样的领导。我只基于专业能力做判断，并不是因为深圳的同事和我在一起办公就偏袒他更多一些。"

这一现象并非个例，我在华为从事远程团队管理机制研究时就发现，在远程团队中流传着这样一些话：

"领导在哪里，机会就在哪里。"

"领导就像太阳，谁离得近，接受到的阳光普照就更多，却照不到远在天边的我们。"

"现场团队的业绩，多少加了些感情分；而远程团队的业绩，只能靠实打实的业绩。"

远程团队成员的这种评价偏见非常普遍。因而，远程团队管理者需要对评价规则有言在先，告诉所有人，在这个团队依据什么样的规则做评价，从而最大程度地提升评价的公正性。

例如，一个团队管理者制定的评价规则是这样的：

在我们团队，考核结果基于如下考量给出。

核心指标完成情况。

有效价值产出：产品在市场中同竞对的相对排位。

努力程度：在过程中是否全力以赴地去解决遇到的核心挑战。

积极主动：仅仅完成组织上交给的任务，至多算合格，远算不上优秀，只有在完成本职工作的同时，还积极主动地去实现更大突破，才可能成为优秀标杆。

价值观底线：无其他负面违规事件。

除此以外，远程团队管理者需要时刻在以下几个方面反思自己是否做到：

※ 我的评价是否出于公心？

※ 我的评价是否做到了对事不对人，没有掺杂个人喜好？

※ 我是否让大家感受到我在帮助他们成长，而不是单纯地在通过评价打他们板子。

评价的目的，是为了让付出贡献的人得到公正的回报，让价值创造、价值评价、价值分配之间形成正循环。用华为创始人任正非先生的话来说，就是"不让雷锋吃亏"。

曾经，一位优秀的业务员加入了一个部门，他第一个月的业绩贡献占了整个部门业绩的90%，接下来连续三个月也都保持在占整个部门业绩的60%以上。然而，当季的业绩激励会上，他发现自己虽然得到了不错的绩效评估结果，但得到的奖金激励却和团队中那些业绩远不如他的同事相差无几，虽然他所付出的时间和精力远超他们。他觉得不公平，准备离开这个部门。庆幸的是，部门经理很快意识到了原有激励办法存在的弊端，及时调整了激励机制，并迅速地和这名员工做了一次深入沟通，宣布了对他的全新奖励，给他涨了薪，还晋升他为部门一个核心团队的主管。在做了这一系列的调整之后，部门的面貌焕然一新，更多优秀人员涌现，团队战斗力大为增强。因为大家明白，这个部门在用业绩说话，只要你肯付出，你就会有回报。

一套好规则，不是"拽紧缰绳"，而是"搭好轨道"。它让远程团队像一列看不见的磁悬浮列车，即使天各一方，也能朝着同一个目标疾驰前行。真正的规则，不是限制，而是赋能；不是约束，而是成就。

让分歧开花结果：如何把冲突变成协作引擎

在前一节中，我们讲到，规则是团队运转的"红绿灯"，但即使红灯再亮，车道再清晰，远程团队仍难免"有人加塞，有人误解"。毕竟，每个人身后，都藏着一本独一无二的"操作说明书"——文化背景、认知方式、思考习惯，全都不尽相同。

在远程工作中，冲突从不罕见，甚至可以说，它是一种常态。毕竟，每位成员都有不同的文化背景、知识体系和经验框架，看待问题的方式自然也不同。

很多远程团队管理者会陷入一个认知误区：希望团队永远和和气气、风平浪静。但你知道的，太平洋其实并不太平。表面的"太平"，往往意味着不愿表达不同意见，不愿争取资源，不愿提出更优解。

有冲突，不代表出问题；没冲突，反而可能是团队失去了成长张力。问题不在于"有没有冲突"，而在于"怎么用好冲突"。

三类冲突，性质各异

要用好冲突，第一步是学会识别冲突的类型——不同的冲突，背后有不同的根源，也需要不同的应对方法。在远程团队中，常见的冲突大致可分为三类：目标冲突、过程冲突和关系冲突。

类型1：目标冲突——"这事，值不值得做？"

一次产品规划会上，南区的销售强烈建议上线一个新功能，说客户反馈强烈，有明确的订单潜力。但技术负责人却迟迟不愿立项："这个功能我们讨论过几次，投入产出比很低，意义不大。"话音刚落，销售当场反驳："但这次客户明确打包了订单！"两人你来我往，火药味渐浓，其他人面面相觑，气氛一度凝固。

这就是典型的**目标冲突**——团队成员对一项任务的价值认知存在落差。

远程团队管理者要做的，不是武断裁决谁对谁错，而是引导大家把各自的判断逻辑亮出来：你为什么认为值得？你为什么觉得意义不大？鼓励不同观点对话，在理性的探讨中逐步走向共识。

目标分歧的根源，是大家对"价值"存在不同判断，而解决这一冲突的关键，是**共建价值共识**。

这个过程，就是把"价值分歧"变成"决策合力"。

类型2：过程冲突——"到底怎么做，才最好？"

在一次项目推进中，前端工程师建议用现成组件快速上线，设计师却坚持要定制开发以确保视觉统一。两人谁也说服不了谁，会议反复拉锯，最后不了了之。

这是典型的过程冲突——大家认同要做这件事，但**怎么做**分歧很大。

作为管理者，要营造一个"可以不同意，但必须说出来"的氛围，让每条路径都有机会被呈现。随后引导团队围绕：哪个方案更可控，更可复制，风险更低，效率更高，从而理性筛选，推动形成共识路径。

过程冲突不是问题本身，而是团队正在练习"共同设计"的信号。

这个过程，也正是团队学习"如何一起决策"的过程。

类型3：关系冲突——"我不是不想做，是不想跟他做！"

小张总觉得小王效率太低，给的东西总要改好几遍；小王则觉得小张要求太高，动不动就否定他的思路。久而久之，两人见面就冷场，在线协作能避就避，甚至在项目上互相"拆台"。

这是最危险的冲突类型——从"事"的分歧，演变成"人"的对立。

远程团队本就容易信息稀释、情绪积压，一旦关系冲突浮现，极易影响协作氛围和心理安全感。管理者要及时察觉苗头，第一时间介入，厘清事实、疏导情绪，引导双方重回"就事论事"的轨道。

情绪不处理，迟早会改写团队的结构。

必要时，管理者也可以担任中立"调解人"的角色，重建信任边界。

汇总起来，对上面三类冲突的处理建议如表5-2所示。

▼表5-2 团队典型冲突及应对策略

冲突类型	典型情境	管理建议
目标冲突	团队成员对任务是否值得投入意见不一	鼓励表达判断，厘清目标逻辑，推动共识达成
过程冲突	团队对实现路径存在不同看法，如A方案vs B方案	营造开放讨论氛围，引导聚焦方案优劣，形成路径一致
关系冲突	因不信任或成见，不愿与某成员合作	及时识别情绪源头，厘清事实，协助修复信任关系

冲突不可怕，怕的是我们缺乏识别与引导的能力。理解了"冲突类型不同，应对策略不同"，就掌握了从混乱中提炼秩序的钥匙。

管理冲突，防患未然

很多冲突一开始并不可怕，怕的是没人处理、没人澄清、没人对齐。久而久之，从分歧走向误会，再从误会走向敌意，最后演化成关系破裂。

某次产品例会，小东频频打断小满的发言，语气不耐烦，小满当场沉默。会后协作明显变冷，消息也迟迟不回。再往后，小东甚至直接跳过小满去找设计提需求。

这背后其实是小东对小满一次设计否定耿耿于怀，而管理者一直没察觉，导致小摩擦发酵成了"团队冷战"。

如果管理者能在那次会议之后，私下约谈小东，先请他回顾"你当时是怎么理解小满的话"，再帮助他从对方视角换位思考，或许一道关系裂痕就能被及时修复。

三板斧，破局有术

管理者做好如下三点，能帮助团队有效管理好冲突。

1. 鼓励表达：营造"有不同声音是被欢迎的"文化氛围，让表达分歧成为习惯，而不是冒险。

2. 及时介入：当发现会议频繁打断、语气变硬、协作回避时，要第一时间追踪冲突根源。

3. 引导对事不对人：聚焦"解决什么问题"，而不是"这个人又怎样"。防止标签化，是冲突管理的底线。你不是在"解决人"，你是在"修复关系"，是在重建协作通道。

冲突管理，是规则力的延展

冲突管理得当的远程团队，不会把分歧当成问题，而是把它当成协作深化的入口。远程团队真正的成熟，不是没有冲突，而是能在冲突中共事。

远程团队管理最怕的不是吵，而是静悄悄地冷淡、疏离与误解。

一个能承载冲突的团队，是有韧性的；一个能修复冲突的团队，是有希望的。能管理冲突，远程团队才有可能真正做到"激烈讨论后还能把酒言欢"，既有边界感，也有团队感。

管理者的意义，不是"熄火"，而是"引火成炬"。

所以下次团队起了火花，别急着灭火。也许，那不是风波，而是风口；不是矛盾，而是契机。真正成熟的远程团队，正是一步步在火花中，烧出了默契，炼出了战力，升出了文化。

而这一切的前提，是从"同一种语言"开始——一套清晰而共识的团队规则。

对巴比伦人为何建不成"通天塔"的深思

《圣经·旧约》中有这样一则古老的故事。

很久以前,人类原本使用着同一种语言。他们在底格里斯河与幼发拉底河之间,找到一片肥沃土地,于是定居下来,兴建城池。

但这群人不满足于建城。他们决定修建一座直通云霄的高塔——巴别塔,誓要触及天堂。

起初,他们彼此协作、步调一致,塔身节节攀升,仿佛真的可以通天。

上帝看到这一切,感到惊愕。他说:"看哪,他们是一样的人民,说着一样的语言。如今他们既然开始做这件事,将来没有什么是他们不能完成的。"

于是,上帝略施一计,变乱了人们的语言和口音,让他们说多种语言、讲多种口音。

就这样,上帝只在人们的语言上略施小技,就让巴别塔的建设再也没有取得新的进展,最终半途而废,成为一座未竟之塔。

这则寓言,至今仍令人深思。

真正让通天塔坍塌的,不是技术,不是资源,而是——语言的断裂。

语言,是连接人与人之间"心智接口"的桥梁;而语言不通,意味着共识的流失、规则的解体、协作的坍缩。

这,正是远程团队管理者最容易忽视的隐患。

当团队中的每个人都在说"自己的语言"时——有的说 OKR,有的讲 KPI;有的按节奏推任务,有的按灵感干活;有的强调规则,有的注重情绪——你会发现,看似会议频繁、沟通不断,实则鸡同鸭讲、力气白费。

最终,不是塔没建起来,而是人心先散了。

但幸运的是,我们还有另一种可能。

当一个远程团队，有了一套共同认同的"语言"——也就是我们前文反复提到的规则、流程、文化与表达习惯时，它就具备了真正的组织合力。

只要语言统一，哪怕团队成员身处五湖四海，依然可以如一个人般行动。

有统一语言，才有共识路径；有共识路径，才有目标协同；有目标协同，才能一砖一瓦，筑起通天塔。

所以，别让你的团队重演巴比伦人的悲剧。

请记住这句远程团队管理"圣经"：同则通，不同则痛。

真正高效的远程协作，靠的从来不是"工具有多先进"，而是团队内部是否拥有一套"大家都听得懂、愿意说、习惯说"的共通语言。

这，就是规则力的终极价值。

当规则成为共识，语言成为桥梁，你的远程团队，也终将建起自己的通天塔，不止高，还稳，不止稳，还远。

第六章

组织增效需要
一张仪表盘

从阿波罗 13 号的故事说起

如果说地球上最远的远程团队是跨国协作组，那么历史上最远的远程团队管理场景，莫过于阿波罗登月团队了。

很多人熟知阿波罗 11 号的光荣——人类首次登月。但鲜有人知道，最"惊心动魄"的一次，却是阿波罗 13 号。

1970 年 4 月 11 日下午 1 点，三名宇航员——吉姆·洛威尔、杰克·斯威格特和弗莱德·海斯——乘坐阿波罗 13 号飞船升空，执行第三次登月任务。这一次，"13"这个数字似乎真的带来了不祥。

阿波罗 13 号由三部分组成：飞行任务指挥中心指令舱，提供能量和维生系统的服务舱，以及原本用于登月的登月舱。在指令舱的正前方，是一块复杂到令人眼花缭乱的仪表盘——上面装着 500 多个按钮、控制器和报警灯，是整个飞船的"大脑中枢"。

飞船发射最初一切顺利，甚至顺利到让地面控制中心的人开始无聊。可就在升空后第 56 小时、一次例行直播结束仅 9 分钟后，一声惊天巨响划破寂静——服务舱爆炸了。

氧气泄漏，电力失控，航天器严重受损。身处 32 万公里外深空的 3 名宇航员，失去了回家的保障。而地球上的控制中心，也第一次意识到：他们必须在极端复杂的条件下，指挥一个身处宇宙深处、能耗不断降低、设备严重受损的"移动空间站"，完成一次史上最难的营救。

这一次，失败不是"飞不到月球"，而是"能否活着回来"。

令人震撼的是——他们真的回来了。

美国航空航天局（NASA）地面控制团队没有直接控制飞船的能力，但他们通过飞船系统上传回来的仪表数据，实时分析各项指标——氧气含量、舱内温度、主电池状态、轨道偏差、推进燃料剩余量……每一次操作、每一个决策，都是地面人员在仪表盘上"盯"出来的。

那一刻，阿波罗 13 号飞船上的那块仪表盘，不只是一块控制板，更是宇宙级的"中台"——它连接了前线与后方，传递了信息，反馈了状态，驱动了行动。而地面控制团队，依靠这块"中台"，跨越 32 万公里的距离，实现了生命级别的远程协同。

所以，那块仪表盘不仅是设备管理的控制板，更是远程协同的中台雏形——它让信息汇聚，决策可视，协作同频。这，正是中台力的本质。

如何提升中台力：从仪表盘到公开透明

那么，具体到企业场景，要如何提升远程团队的中台力，才能像阿波罗 13 号那样，即使相距万里之遥也能始终平安无恙呢？

招式1：你的团队也需要一个工作中台

回到那个令人心跳加速的时刻——阿波罗 13 号在深空中突发爆炸，氧气泄漏，电力中断，通信受限，飞船一度偏离轨道，生还几率近乎为零。

但他们，竟然奇迹生还。

不是靠运气，而是靠"看得见的中台"——仪表盘。

这块嵌在飞船上的操作面板，连接着宇航员与地面指挥中心，就像一套实时联通的"远程神经系统"：飞船哪出故障，轨道偏了多少，燃料剩多少，温度压力是否异常……全都一目了然。地面人员与太空团队虽隔数十万公里，却能基于同一份"现实"快速决策、协同应对。仪表盘成了他们之间最关键的连接器。

今天，远程团队也一样需要一块这样的仪表盘。

在阿里巴巴工作期间，我曾亲手搭建过一套这样的数字协同平台，我们把它命名为"阿波罗",希望它像那次太空任务一样,成为一支远程团队的协作中枢。其登录页面如图 6-1 所示。

▲ 图 6-1 阿波罗工作平台登录页面

一个数字化的任务拍卖场

"阿波罗"平台有一个特别的"工作广场":管理者可以在上面"拍卖"任务,所有员工则根据自己的兴趣与精力自愿认领任务,如图 6-2 所示。

▲ 图 6-2 阿波罗平台项目广场

任务一经认领,便自动进入执行阶段,平台每周要求任务负责人更新进展,并打一个红黄绿灯:

※ 红灯:任务已偏离,存在严重风险。

※ 黄灯：有潜在问题，需要关注。

※ 绿灯：一切顺利，按计划推进。

这样，管理者可以像太空指挥官一样，在数字仪表盘上，实时掌握每一项任务的状态和团队整体运行情况，一旦发现异常就能立刻介入。

看似是任务认领与打灯，其实是一次次团队对齐节奏的组织演练，让协作不靠吼，而靠机制驱动。

不只是协同，更是成长记录器

任务结束后，负责人会给任务整体表现打分，还会给参与者打上技能标签——你在这个项目中体现了什么能力？掌握了哪些新技能？这样，每个人的项目轨迹、表现记录都会留存在平台之中，如图6-3所示。

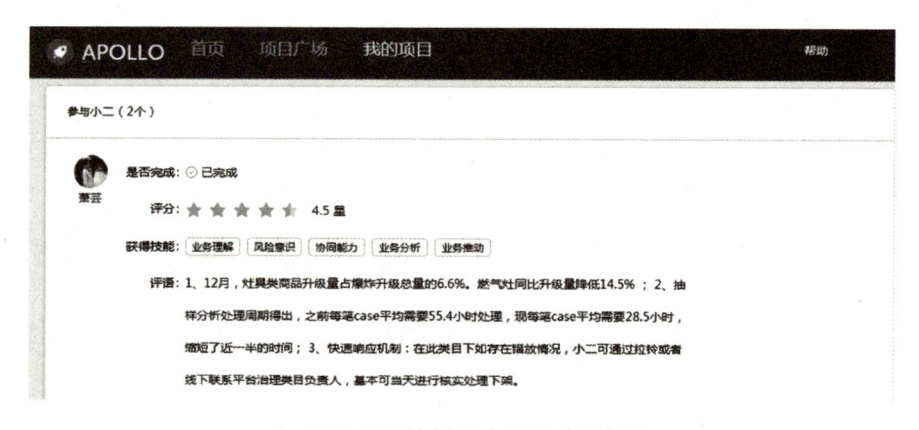

▲ 图6-3 阿波罗平台项目结果评估

"阿波罗"既是任务协同工具，也是员工成长的"履历账本"。它帮助你复盘过去，识别优势，清晰积累自己的"组织资产"。

更进一步，一个合格的工作中台，至少应具备四大能力。

1. 目标协同能力：工作中台要能完整集成远程团队的OKR，把目标（Objective）、关键结果（Key Result）、行动（Action）三层清晰展开，显性呈现，让每个成员都清楚自己在"共同目标"中的任务位置。

2. **过程监控与预警能力**：中台应支持进展录入与风险标记机制，尤其是对关键节点的红黄绿灯提示机制，能够实时反映项目健康状态，为管理者提供快速反应的依据。

3. **成长记录能力**：中台不应只是"任务看板"，更应是"成长图谱"。只有当员工从中看到个人价值的沉淀，才会愿意持续使用、积极更新。

4. **HR 系统集成能力**：一个真正高效的中台，应该成为绩效考评、晋升评审等 HR 模块的数据前台。它不是孤立存在的"任务墙"，而是组织价值评价系统的基础输入口。

如果你手上没有资源自建平台，也不必焦虑。钉钉文档、飞书文档、腾讯文档等现成工具完全可以胜任。你只需要搭建一套规范模板，明确 OKR 的责任人，每周在线更新进展并打红黄绿灯，就可以形成一个基础版的数字仪表盘，就像表 6-1 这样。

▼表 6-1 用共享文档实现的"阿波罗工作平台"

O	做实 ×× 产品具有全国示范意义的标杆案例			责任人			信心指数	80%
KR		信心指数	责任人	完成日期	关键举措信息		进展信息	
					关键举措	责任人	完成日期	最新进展状态	进展详细说明
KR1：与至少 1 家目标客户的中高层就参与范围达成共识，并联合设计院写入设计方案，形成项目建设标准		100%	张三					红灯●	
								绿灯●	
								绿灯●	
KR2：标的合同项目金额达到 1 亿元级		80%	李四					红灯●	
								绿灯●	
								绿灯●	

你还可以使用微软操作系统自带的目录共享功能自建离线共享文档，或者使用公司的在线论坛空间，采用什么工具不重要，重要的是"让每个人都能看见整体，及时校准偏差"，这样即便当远程团队出现像阿波罗 13 号氧气罐爆炸那样的严重事故时，仍能险中求胜，从而使你的远程团队相隔万里之遥依然能立于不败之地。

不同类型的远程团队，需要不同形态的中台适配

如果你是顺着读到这里的，相信你还记得我们在第二章提到的远程团队典型表现形式（见表2-1）：基于"工作地点""工作时间""文化"三个维度，远程团队大致可以划分为异地型远程团队、工作时间不同步型远程团队以及文化破碎型远程团队三种类型。其实，单就时间和地点两个维度的不同组合，对工作中台的需求和形式也完全不同，如图6-4所示。

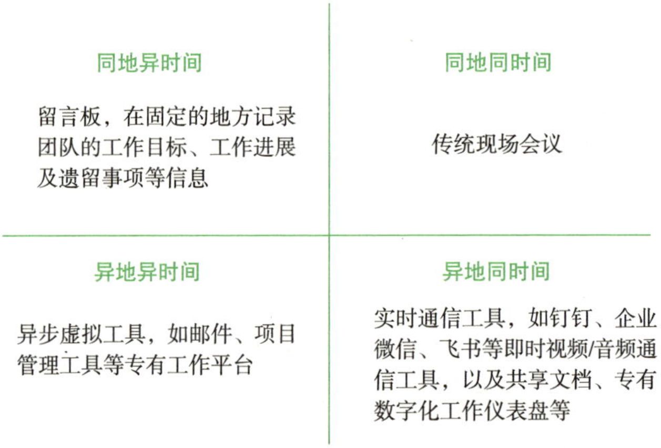

同地异时间	同地同时间
留言板，在固定的地方记录团队的工作目标、工作进展及遗留事项等信息	传统现场会议
异地异时间	异地同时间
异步虚拟工具，如邮件、项目管理工具等专有工作平台	实时通信工具，如钉钉、企业微信、飞书等即时视频/音频通信工具，以及共享文档、专有数字化工作仪表盘等

▲ 图6-4 工作中台在不同场景下的适配

◆ 类型1：同地同时间——"扭头就能解决"的现场协作

这类团队，其实不算严格意义上的"远程"，大家在同一个办公室、同一个时间段工作，有问题扭头就问，打印一页就贴在墙上。

对他们来说，工作中台的价值不是连接，而是规范——它更多承担的是任务留痕、流程固化、目标公开等功能，协同成本本就很低，中台偏向"锦上添花"。

◆ 类型2：同地异时间——"轮班接力"的交班中台

如果是同一个工作地点、不同时间段轮班，比如24小时运转的客服团队、生产调度团队，就需要一个"交接班"式中台。

这时候，一个简单的团队留言板就是中台的雏形：

※ 工作目标要可视化地贴出来；

※ 每班次的任务状态要能及时交接；

※ 未完成事项要有清晰标注。

工具选择上，可以是白板、笔记本，也可以是钉钉、飞书、企业微信，甚至最传统的邮件汇报。核心是——让"上一班的结束"顺利对接"下一班的开始"。

◆ 类型3：异地同时间——"实时同步"的协同中台

如果你的团队分布在不同的城市或办公点，但仍在同一时间段工作，这时就需要一套实时同步的协同中台。

常用方案包括：

※ 实时通信工具：腾讯的企业微信、阿里的钉钉、字节的飞书；

※ 视频/语音会议系统：腾讯会议、钉钉会议、飞书会议；

※ 共享文档与任务平台：腾讯文档、阿里的语雀、字节的飞书文档等。

这些工具能帮助团队"看到同一块白板"，听到同一段对话，避免信息误差。你会发现，只要"信息同步"，距离不再是问题。

◆ 类型4：异地异时间——"异步协同"的仪表中台

这类团队是远程团队管理中最具挑战的类型——不仅人不在一起，连工作时间都不重叠。也许你刚下班，另一个团队成员才刚起床。

这种场景下，必须依赖"异步工具"。

※ 任务协同平台：如 Jira、Trello、Teambition，适合标准化流程；

※ 知识沉淀平台：如 Confluence、Notion，方便跨时区复盘与学习；

※ 邮件+自动播报机制：重要节点自动触发同步提示，避免遗漏。

对于这类团队来说，中台的仪表盘就不是为了实时操控，而是像阿波罗任务的地面监控中心——哪怕不在同一空间，也能凭借统一的监测视图、数据通道与回应机制，共享一个"事实世界"。

也就是说，远程团队不是一刀切的，也不必用"一个中台打天下"。每支团队都应该根据自己的"时间—地点组合类型"，找到适配自己的那块数字仪表盘。

当中台真正嵌入了团队日常的每一块拼图，不论你是在天南地北、清晨深夜，团队依然可以如一个人那样——同频共振、协同有力。

招式2：推倒信息柏林墙，给团队经常和相关的更新

推倒团队的信息柏林墙

信息，是远程团队里的空气。

但我们都知道，再清新的空气，也可能在看不见的地方被隔断。

在远程团队里，那堵看不见的"墙"，就是——信息柏林墙。

它的出现，往往不是因为技术不到位，而是信息被人为"围栏"了：

※ 管理者知道的，员工不知道；

※ 和老板在一个办公室的人掌握一手消息，远程办公的人却什么都不清楚；

※ 项目组A的数据不愿意共享给项目组B，哪怕其实彼此息息相关。

很多时候，远程团队的冲突，不是"不想配合"，而是"不知道你在干嘛"——于是各自为战，渐行渐远。

那怎么办？

得"砸墙"！

我们可以通过5个动作来砸倒信息柏林墙。

◆ 动作1：目标公开——让大家知道在往哪跑

在管理学里，有一个经典现象叫"围观效应"（也叫霍桑效应）：当一个人意识到自己正在被关注时，会更有意愿去调整和提升自己的表现。

这就是为什么OKR要公开写，不能"藏着掖着"。

最好的目标，是"贴在墙上的目标"——哪怕这堵墙是飞书里的在线文档。远程团队管理者要带头公开自己的业务目标，也要鼓励团队成员跟上，让大家看得见、对得齐、走得快。

◆ 动作2：资料公开——让信息在"桌面"上，而不是在"抽屉"里

在团队中设立一个"信息官"角色（可以轮岗），专门负责维护团队的资料库和知识库，确保关键工作信息不被锁在某台电脑里、某个私聊里、某个记事本中。

华为曾因对信息保密过度，一度搞到"一周一检"，人人自危。但后来他们意识到，信息流通带来的价值，远远大于信息泄露的风险。于是做了一个调整：所有发到公司内网的文件，默认都是内部公开的，除非特别申请加密。

谷歌更是直接"默认全公开"，新员工入职第一天起，几乎可以访问公司除了核心算法以外的所有文档。它们的逻辑很简单：信息不流动，知识就不生长。

◆ 动作3：生活信息适度公开——让协作多点人味儿

工作信息的流动让团队更高效，而生活信息的流动，则让团队更有温度。

比如谁买房了、谁结婚了、谁在备孕、谁刚跑完马拉松……

如果这些信息能适度流通，团队之间的理解、支持和默契度都会明显提升。

你可以建一个"团队大事件簿"，记录下成员的关键成长节点，也许几年后回头看，会发现这是团队情感资产的最好载体。

◆ 动作4：沟通公开——让信息留痕，而非飘散

工作相关的信息，尽量在公开群里说，而不是私聊。

除非真的涉及隐私、敏感或批评，否则请把信息"晒在阳光下"。这样不

仅提升了信息公平性，也提升了团队对齐度。

点对点的沟通效率看似高，但代价是——信息无法沉淀、无法共享、更无法回溯。

◆ 动作5：让"公开"成为一种文化默认，而不是偶尔"勇敢"一次

如果一个人老是"私下发文件"，只和三个人私聊任务细节，他就是在违背"信息公开"文化。你要及时指出。

相反，如果有人主动在群里提出建议，共享了项目进度文档，那就要当场表扬。

久而久之，"信息公开"就不再是靠制度，而是靠习惯。

从团队"去墙化"，走向组织"去屏障"

不仅是团队内部要打破信息隔阂，整个组织也该如此。华为通过多年的反复摸索，深知这一点，并将它上升到公司的治理哲学高度。在华为，打开信息柏林墙就是"开放"，它是华为组织活力引擎的两大法宝之一（另一个法宝是"远离平衡态"，即艰苦奋斗之意）。

你的组织开放吗？试问自己下面几个问题：

※ 1.在我的组织里，员工有方便的渠道可以自由发声吗？
※ 2.在我的组织里，员工的成长有天花板吗？
※ 3.在我的组织里，员工可以在公司内部系统中方便地查询到其他人的职级吗？
※ 4.在我的组织里，员工的绩效考核结果公开吗？

如果你对上述任一问题的回答是"否"，那么，你的组织就没有华为开放，华为对上述问题的答案全部是"是"。

◆ 开放的发声渠道——有"心声"，才有回应

在华为，为方便员工吐露心声说真话，公司自建了一个名为"心声"的

内部社区，员工可以在"心声"社区匿名表达自己的观点和反映公司的问题。HR团队会定期汇总"心声"社区上的热点帖子给公司的管理层，对所反映的问题会进行核实和解决。逐渐地，内部"心声"社区成了员工反映管理问题的集散地，也成了公司管理层了解公司内部舆情的一个重要平台。

阿里巴巴也有一个类似的内部社区，阿里巴巴把它叫作"阿里味"社区。但阿里巴巴的社区和华为的社区大为不同的是，它倡导"直言有讳"。"阿里味"社区是实名的。阿里巴巴尊重每个人表达自己声音的权利，但要求每个人都要对自己的言行负责，而不是匿名地不负责任地进行吐槽和发泄不满。"阿里味"社区是阿里巴巴员工表达自己、传播自己的重要通道，很多员工工作之余都会去逛这个社区。每到考核季，都会有不少员工在上面投诉绩效不公的问题，如果这成为内网热帖了，管理者必须要进行回应。员工不会管你是不是公司的管理层，只管他认同还是不认同管理者的处理决定，这给管理者造成一定的压力，管理者内心是不希望自己成为内网热帖的。然而事情一旦发生，管理者也会敢于正面去面对和解决。这是阿里巴巴一个非常好的文化。上到首席人力官CPO，下到一线管理者，都敢于直面冲突，无惧冲突。

在国外，谷歌有一个非常著名的内部会议，叫TGIF会议。TGIF是四个英文单词Thanks God It's Friday（感谢上帝今天是星期五）的首字母缩写。谷歌每周五都会例行召开这一会议。创始人会在这个会上回答员工关切的热点问题，包括战略方向、内部管理、员工福利等。谷歌从创立之初，一直坚持每周开TGIF会议，足见谷歌对员工心声的重视程度。

◆ **开放的职级成长体系——有空间，才有成长**

在很多公司里，职级体系是封闭，形似金字塔，越到上面成长的路越窄，老板是员工成长的天花板。（见图6-5）

但华为不是这样。华为认为，优秀的人才、顶尖的人才不应该被"塔尖"限制，其数量也不应该只有少数几个人。公司欢迎更多的人走向"塔尖"。因此，在华为的人才职级体系图上，"炸开"了金字塔的塔尖，员工可以一直向上成长，老板和公司轮值 CEO 仅代表公司的"思想"和"战略"领袖，他们居于云端，并不构成员工成长的天花板。只要能持续地在华为做出优秀的贡献，员工和管理者可以一直不断地向上晋升。过去，公司总裁一般是 23 级，但现在，优秀的公司总裁通常可以到 26~29 级。（见图 6-6）

▲ 图 6-5　常见扁平化人才结构

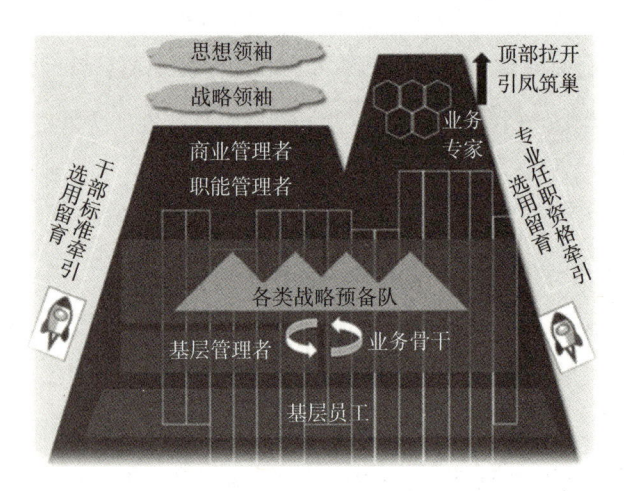

▲ 图 6-6　华为开放式人才金字塔结构

另外，华为员工可以在内部系统中方便地查询到其他人的职级是多少，这在华为也不是秘密。

◆ 公开的绩效结果——有透明，才有公正

在很多公司，绩效考核结果是"隐私"，禁止员工打探他人绩效考核结果，并将打探行为视为踩高压线。但在华为，员工的绩效考核结果是要在团队内公示的。谁拿了更好的绩效，谁拿了差的绩效，这在华为并不是秘密。

公开绩效考核结果的做法，会给员工和主管都带来压力：绩效不好的员工，害怕被别人知道自己不好，而主管也面临相应的沟通压力。但华为认为，相比于带来的负面效应，绩效公开的正面效应更大。公开可以促进主管客观公正地给下属做考核，主管如果敢于徇私舞弊给没有出结果的自己人好评，他就会面对群众的质疑。过去，主管总是拼命地用满绩优名额，但公开后，如果没有特别过硬的绩效事实，主管不会轻易给员工打"优"，绩优名额通常用不满。

◆ 让"阳光"成为最好的协作润滑剂

远程协作，怕的不是距离，而是信息断层。

管理者要做的，不是"把信息攥在手里"，而是把"光"洒出去。

当信息变得通透，当规则不再靠暗号，当表达变得自然，当回应不再难得……你会发现，即使不在一个办公室，团队依然能心往一处想，劲往一处使。

远程协作最强的中台力，其实就是——让信息流动起来，让人心靠拢起来。

充分发挥中台的连接力

要理解一个强大中台的真正价值，我们不妨先回顾一下华为办公中台技术进化的脚步。

从"电话+邮件"到"eSpace"：高效协作的最初进化

我刚进华为那会儿，远程团队的主要沟通方式，还是"电话+邮件"双组合。

电话解决紧急问题，邮件处理日常沟通。那时候，为了和异地同事一起"远程会诊"一个技术难题，一通电话能打上几小时，电话机夹在肩头和下巴之间，脖子都酸了。

于是，大家默契地形成了一个"非迫不得已不打电话"的原则，转而养成了随时查邮件、随时回邮件的职业习惯。

后来，华为上线了自己的内部即时通信工具 eSpace，有点像企业微信、钉钉、飞书一类即时企业通信工具。工作变得灵活了，同事之间的联系也更密切了。通过 eSpace，不仅能一键发起语音对话，还能在线快速响应问题，哪怕你和对方身处千里之外，也仿佛就坐在对面喝着同一杯咖啡。

如今，华为把 eSpace 升级成了 WeLink，全面整合了邮件、文字聊天、语音聊天、视频通话、知识管理、办公协同等功能，成为一个强大的办公协同工具。

工具的升级，意味着连接方式的重构。而这背后，正是中台力在不断演化的过程。

让知识流动起来：3M 知识社区的启示

不仅沟通要实时，知识也得流动起来。

华为当年打造了一个叫 3M 知识社区 的内部平台，这是我见过最接近"团队大脑"的组织工具。

在 3M 上，你可以：

※ 发问答帖，把你的疑惑抛给全公司"高手云"；

※ 写博文，记录你的经验复盘；

※ 分享文档，沉淀结构化的知识资产。

当一个远程团队能在一个平台上彼此"以文会友、以答结盟",这就是中台力最温暖也最强大的模样:它不只是工作流程的中控台,还是团队认知的涌现地。

一个真正的中台,不只是任务看板,更是"认知枢纽"——它让团队的知识沉淀下来,再生长出去。

AI 时代的"超级中台":从工具到智能拍档

今天,我们正迈入一个全新的时代:AI 2.0。

如果说,搜索引擎是信息的"搬运工",那 GPT 和 DeepSeek 这类 AI 大模型就是认知的"整合师"。

过去我们在 Google 或百度上输入关键词,然后在成堆网页中人工筛选。而现在,只需一句话,GPT 或 DeepSeek 就能帮你聚合信息,提炼逻辑,给出清晰答案。

这将颠覆远程团队协作的知识入口。

想象一下,当 GPT 这样的 AI 能整合进你的工作中台,不仅能:

※ 实时分析 OKR 进展;
※ 预警项目中的风险红灯;
※ 总结会议纪要、优化提案文本;
※ 自动生成个人周报、任务复盘……

它就不再是"平台",而是团队共同进化的 AI 拍档。

未来,每一个远程协作平台,都应该嵌入 AI,每一个分布式团队,也都应该有一个"智力共生"的工作中台。

正如我们前面讲到的:中台不是一块看板,它是一个会思考的操作系统。

越连接,越智能;越智能,越协同

回顾办公中台的演进,我们从最初靠电话和邮件生存的"硬核年代",走到今天用 AI 搭建数智协作平台的"轻盈时代"。

唯一不变的，是连接的价值。

一个真正高效的远程中台，不仅是工具集合，更是连接团队信息、目标、情绪和认知的桥梁——

※ 它让知识流动，而不是沉睡；
※ 它让对话发生，而不是等着开会；
※ 它让人才被看见，而不是湮没在任务清单里；
※ 它让远程的"远"，变得更"近"。

未来的组织，拼的不是"谁开的会多"，而是"谁的中台更聪明、更透明、更贴心"。

AI 时代，组织的协同底座正在被重写。下一代远程团队，一定不是靠"扛"，而是靠"连"赢的。

而你，需要问自己一句话：

我的团队中台，只是个"面板"，还是已经成为一个"会思考的伙伴"？

一个忠告，别忘了中台的核心是人

一个好的工作中台确实能极大提升远程团队的协作效率，像我们前文讲过的，它能让信息流动起来，让任务透明起来，让认知对齐、沟通变轻。

但我想在这一章的结尾，留下一点提醒：别神话它。

再强大的技术，本质上不过是对能力的延伸，不是对组织智慧的替代。

你可以搭建最智能的系统、最漂亮的仪表盘，设计最完备的红绿灯预警机制。但如果团队成员彼此缺乏信任，语言不一致，目标未对齐——这些工具终将无力回天。

正如远程协作研究专家杰西卡·利普耐克和杰弗里·斯坦普斯在《虚拟团队：理论与实践》中所说："对虚拟团队来说，90% 的成功来自人，10% 的成功才来自技术。"

我们当然要珍惜技术，善用工具，但千万别走入"中台主义"的误区，让中台从协作的助手，变成组织的负担。

这个时代，技术变化太快了，以至于我们常常把"上新工具"当成解决问题的万能钥匙。但真相是，组织真正的能力升级，不靠工具，而靠人心。

这让我想起一个正在热议中的例子。前不久，电商巨头 Shopify CEO Tobi Lütke 的一封内部信流出，在科技圈引起巨大反响。在信中，他提出一系列被称为"极端 AI 改革"的新规：

※ 使用 AI 从"建议"变成"绩效要求"，所有员工必须具备 AI 基本能力，甚至会体现在绩效考核中；

※ 要申请人力资源，必须先证明"AI 无法完成"；

※ 所有产品原型必须先用 AI 做一版；

※ 所有员工要在内部分享自己如何用 AI 成功完成任务或解决问题。

这封信代表了科技公司对 AI 的最前沿态度，也展现了 AI 在组织中越来越强的工具性地位。

但与此同时，这封信也激起了大量质疑和焦虑。人们担心：在这样的环境下，人会不会只是"工具的附庸"，会不会被 KPI 驱动下的"AI 工具使用能力"所定义？

我理解这封信背后的焦虑，也理解它的紧迫感。但我更想提醒大家：中台再智能，如果不能帮人思考，帮团队协作，它就不是中台，而是枷锁。

这正是我想强调的：中台是为人服务的，不是人要为中台服务。

你可以搭建中台系统，配置 AI 智能助手，但别让系统定义了协作，别让技术裹挟了组织节奏。

如果有一天，你发现团队成员开始"为打钩而更新数据""为汇报而写日报""为系统而开会"，那说明，中台已经从协作的神经中枢，变成了效率的流沙陷阱。

请始终记住一个判断标准：

※ 如果它让协作更轻盈，那就用；

※ 如果它让沟通更沉重，那就停。

真正让组织前行的，不是技术本身，而是人——那群愿意共建规则、共担责任、共燃梦想的人。

中台不是为了管理而管理，它是为了让协作真正发生。

所以，这一章的最后，我想送给每一位远程团队管理者一句忠告：真正优秀的组织，不是"技术加身"，而是"技术嵌入"。

把人的能力放在中台力提升的第一优先级，把技术工具放在第二。这样，你的远程团队才能既跑得远，也跑得稳，才能跑出向心力。

所以，别让你的团队成为系统的奴隶，而要让系统成为团队的桥梁。真正让组织持续奔跑的，从来不是仪表盘，而是心之所向、行之所聚的那群人。

第七章

组织增效的内生力量

在前一章中，我们谈到，一张可视化的工作仪表盘，可以打通任务、项目和信息，帮助远程团队在协同上更高效、更安全。

但再强大的中台系统，也只能保障事务的推进，却无法自动激发人的成长。任务可以通过流程完成，而成长必须由人点燃。远程团队真正要实现持续增效，不能只盯着任务的完成度，更要关注——人的成长曲线。

如果说前一章的"中台力"，解决的是团队协作的结构问题；那么本章的"成长力"，解决的就是团队内在驱动的问题。

管理的终点从来不是流程和系统，而是人——人的意愿、人的能力、人的潜能。

正如字节跳动在价值观演进中所表达的："关注人的成长，不只是为了人本身，而是组织能不能在复杂环境中保持更新力的关键。"让人不断变得更好，本身就是组织最大的可持续资产。

那么问题又来了：成长这件事，如何从"一个人的修行"，变成"一群人的进化"？这，正是我们这一章的重点。

字节跳动价值观变迁给我们的启示

2022年6月22日，字节跳动CEO发布了一封内部信，更新了公司的价值观体系——"字节范"。这已是字节在短短4年内第二次进行价值观迭代。

相比此前版本，此次更新有不少耐人寻味的调整。

※ 删除了"开放谦逊"：或许在全球化进程中，字节意识到，"谦逊"虽是东方美德，却很难在欧美文化中形成共识。而更令人意外的是，"开放"这一部分也没有保留。

※ 新增"共同成长"：梁汝波特别提到，"绩效中原有的'投入度'

曾被误解为'加班'，而其实，公司希望与员工一起做有价值的事，一起成长"。

※ "敢为"和"追求极致"合并为"敢为极致"；"始终创业"上升为首条，显示字节对创业精神的高度重视。

※ "多元兼容"跃升为第二位，更凸显了其全球化背景下对文化融合的追求。

※ 新增"求真"，保留"务实"，共同组成"求真务实"，鼓励每位员工都能刨根问底，追求本质。

字节跳动的三版价值观梳理如图7-1所示：

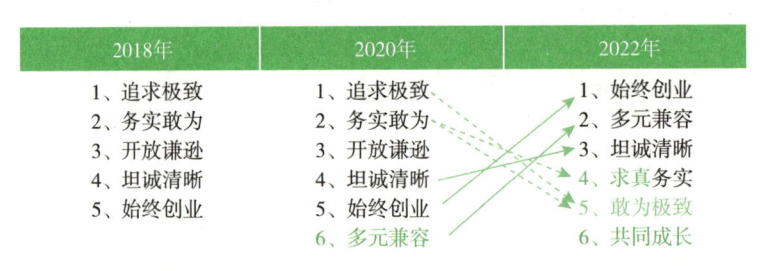

2018年	2020年	2022年
1、追求极致	1、追求极致	1、始终创业
2、务实敢为	2、务实敢为	2、多元兼容
3、开放谦逊	3、开放谦逊	3、坦诚清晰
4、坦诚清晰	4、坦诚清晰	4、求真务实
5、始终创业	5、始终创业	5、敢为极致
	6、多元兼容	6、共同成长

▲ 图7-1 字节跳动的三版价值观梳理

在我看来，这一轮变更中，最具象征意义的，就是"共同成长"的提出。

字节跳动是中国走向全球最快的科技公司之一，其海外版抖音TikTok成功在多个国家落地，甚至被Facebook视为"史上最强劲的对手"。在业务迅猛扩张的同时，这家以理性著称的公司，竟然在价值观中加入了如此"温情"的一条——这背后的深意，值得每一位远程团队管理者深思。

在远程团队中，员工距离公司更远、节奏更快、归属感更低，成长往往变成一种个人行为，甚至是"孤勇者"行为。但字节跳动提醒我们：真正有生命力的团队，是组织与个体"共同生长"的结果。

问题是：如何让成长不再只是管理者一个人的事，而是管理者和员工共同的责任？

如何提升成长力：从 1 对 1 沟通到团队复盘

招式 1：用好 1 对 1 沟通，点燃个体成长引擎

很多管理者以为，自己平时开了无数会，和员工聊了不少事，就已经沟通充分了。实际上，这是一个常见误区。例会上的沟通，多半是"围绕事"的信息传达，很难真正触及"关于人"的深入连接。1 对 1 沟通，才是远程团队管理中建立信任与推动成长的关键场域。

尤其在远程团队中，人与人之间本就存在天然距离，一旦缺乏有效连接，员工很容易产生"被忽视""被边缘化"的感觉。这不仅削弱了团队归属感，更会加剧信息失真、协作低效。

正因如此，华为、腾讯等远程协作成熟的大厂，都要求管理者每季度至少与员工进行一次正式的 1 对 1 沟通。这既是团队信任建设的基石，也是组织效率提升的润滑剂。

Google 著名的"氧气项目"总结的好管理者八大特质中，有一条就是："花时间和员工进行 1 对 1 沟通"。腾讯高绩效团队研究也指出，助成长是高绩效管理者的四大核心行为之一。

你应该在什么时候开启 1 对 1 沟通

在遇到下述情形时，你需要与以下下属开展 1 对 1 沟通：

※ 因业务推进遇阻而焦虑的员工；
※ 在协作中屡屡卡顿、不知所措的员工；
※ 在团队会议中表现沉默寡言、略显敷衍的员工；
※ 刚刚完成一项重要任务、值得正向反馈的员工；

※ 有明显成长诉求、但缺少路径的员工。

别忽视那些在会议中轻描淡写的"报喜不报忧",那背后可能藏着的是"假进展"。1对1沟通,是澄清真相、点燃信任的最好时机。

管理者该如何扮演"教练型角色"

好的1对1沟通,不是训话式的"我告诉你",而是教练式的"我帮助你看见"。管理者的角色不是答案提供者,而是思路引导者。你可以尝试以下这些开放式提问:

※ "你最担心的是什么?"
※ "你最希望这件事做到什么程度?"
※ "如果再来一次,你会选择哪种方式?"
※ "你觉得其他人是怎么想的?"

请看如表7-1所示的这组对比,就能体会到传统沟通与教练式沟通的本质差异。

▼表7-1 传统沟通方式与教练式沟通方式对照表

传统沟通方式	教练式沟通方式
"你在会上一直低头看手机,太不合适了。"	"我注意到你在会上有些分神,发生什么了吗?"
"我希望你下次别这样了。"	"我们怎么设计会议议程,让你也能从中获得更多?"
"你会改进吗?"	"下次换你来主持会议,你觉得可以怎么调整内容?"

沟通方式的不同,决定了管理关系的温度。

如何系统开展1对1沟通

可以通过下面的方式来系统开展1对1沟通。

※ 设立沟通日历:建议每半年至少与所有远程员工进行一次正式沟通(线上或线下),并建立沟通台账。

※ 提前做好准备：了解员工个性、近期状态、工作表现变化，准备好需要反馈的要点。

※ 选择合适形式：初次沟通、敏感反馈或重大任务交付，建议线下或视频会议；日常更新、补充反馈可通过语音或即时消息。

※ 因人而异地沟通：不强求形式统一，有人擅长表达，有人更愿意书面交流，关键在于达成真正的连接。

别忘了，让员工感受到"你真正关心他"，才是 1 对 1 沟通的最大价值。

招式 2：打造团队复盘文化，让反思成为集体习惯

如果说 1 对 1 沟通是帮员工"点亮一个人"，那么团队复盘就是"点亮一群人"。

它关注的不是个体成长，而是组织成长——真正的组织进化，始于系统反思。正如《看见系统》所言："组织中发生的 95% 的问题，并不源自个体，而是系统。"

复盘原本是围棋学界的一个术语。优秀的棋手在每次下完围棋之后，都要把曾经走过的棋局重新再走一遍，并分析当初为什么要这样走，这样走有哪些得与失。通过对下棋过程进行推演，棋手能从中学习到很多有益经验和教训，从而在棋艺上不断精进。

后来，复盘逐步被引入到企业界。联想、阿里巴巴都十分擅长通过复盘，不断沉淀组织能力。复盘的灵魂是把做过的事情从头再走一遍，分析过程得失，总结过程规律，让优秀的地方在未来持续优秀，同时让自己在未来不二次踩同样的坑。

很多人把复盘做成了总结。事实上，复盘不等于总结。总结是站在当下看过去，对过去已发生的事件的得失进行分析、归纳和总结，它关注的是过去发生的那些关键点和里程碑。复盘则更进一步，它是对过去发生的事实进行深度还原，并在此基础上进行结构化的过程推演。

所以，一场好的复盘，应该回答这三个问题：

※ 当时为什么这么做？

※ 如果换一种做法，结果是否更优？

※ 下次遇到类似情境，我们该如何应对？

很多公司的高管都希望自己的企业能成为彼得·圣吉所描述的学习型组织。复盘就是一种非常好的组织学习方式。通过复盘，组织避免了猴子掰玉米式的学习过程，通过一次又一次的复盘，组织得以不断地向过去学习，向未来延展，呈现一种螺旋上升的进化态势。这样的组织，假以时日，必将日益精进，无往而不胜。

复盘要结合团队 OKR 去开展，否则复盘容易流于形式。为了帮助团队系统化开展复盘，我推荐你使用 GAMES 复盘五步法，它将一个完整的复盘过程拆解为五个关键动作，每一个动作都精准服务于组织学习的目标，如图 7-2 所示。

1. Goal	3. Measuring	5. Summarizing
目标是什么？ O1: XXX 　KR1: XXX 　KR2: XXX 　…	KR完成得怎么样？	总结得失
为什么定这个目标？ 基于XXX考虑		
2. Action	4. Exploring	沉淀打法
核心举措有哪些？ Action-1: Action-2: Action-3:	措施有效性分析？	
	再来一次会怎么做？	

▲ 图 7-2 复盘五步法

GAMES 代表 OKR 复盘的五个步骤，分别是：

第 1 步 回顾目标（Goal）

第 2 步 描述举措（Action）：围绕 OKR，实际做了哪些动作？

第 3 步 评估结果（Measuring）：当前 OKR 整体达成的情况如何？

第 4 步 探究规律（Exploring）：当时开展的哪些举措是有效的？哪些举措是无效的？如果重新再来一次，怎么做会更好？

第 5 步 总结沉淀（Summarizing）：回顾整个 OKR 开展过程，有哪些得与失，哪些对未来仍有启示，需要在未来加以注意，哪些是场景相关，只在当时当下才会发生。

让我来逐一展开说明。

第 1 步：回顾目标（Goal = OKR）

团队目标即团队 OKR，它是团队行动的靶心，包含 O 和 KR 两部分。在复盘时，我们要重点关注如下几个点：

- 回归初心，回顾团队当初制定的 O 和 KR 分别是什么？
- 基于什么样的考量定出了这样的 OKR，而不是别的 OKR？
- 回头看，当初制定的 OKR 有哪些是合理的，哪些 OKR 有比较大的调整？为什么会做这样的调整？
- 对后续 OKR 制定有什么启发？

第 2 步：描述举措（Action）

举措，是我们射向目标的每一支箭。目标定得再好，没有精准落地的动作，也难以命中靶心。因此，在认真回顾了目标这个靶心之后，要列出针对团队 OKR 所采取的若干举措，它们就像是棋手在棋盘上下的每一步棋一样，最终促成了棋局的胜败走向。需要注意的是，在描述举措时，要抓大放小，抓住关键举措，舍掉细枝末节，以确保我们有限的精力投入在重要的事项上，而不会被面面俱到的杂项分散注意力。

第 3 步：评估结果（Measuring）

在评估结果时，人们常常更愿谈优点，回避问题。但复盘的意义不在于"表功"，而在于"打破幻觉"。曾经，在一次复盘会上，一个开发团队的负责人大谈特谈他们开发的新产品有多好，架构有多先进，功能有多丰富，架构有多稳定。但当我们问他，你们团队今年的 OKR 是什么？他才意识到，他口中的那些好，并没有成就他们的 OKR。他们的 O 是要"打造公司首款月活跃用户数破千万产品"，而他们的这款新产品月活跃用户数刚过百万，离目标还相差十万八千里呢。这个案例告诫我们，在回顾进展是否有效的时候，要基于 KR 去实事求是地评估，尽可能用数据说话，而不是凭感觉或感情去评估，那样的评估常常失之偏颇。在对 KR 进行评估后，我们要重点关注评分严重低于预期的 KR 项，它们是复盘的重点。你可以按照如下步骤去进行结果评估：

- 站在现在看过去，原来的目标方向正确吗？有哪些可以修正的地方？
- 对每个 O 下的 KR，按完成度的 0~100% 打分，你会分别打多少分？
- 根据每个 KR 的当前完成情况，你判断该项 KR 处于什么状态（红/黄/绿）？
- 针对评分严重低于预期的 KR 项，逐项评估其下的关键举措，并标示出它的有效性是高、中还是低？

第 4 步：探究规律（Exploring）

接下来就可以开始分析规律了。在这里，我们常常容易陷入以下陷阱：

- 只从客观找外部理由，不从主观找自身原因，诸如"宏观大环境""竞争加剧"这样的原因。
- 分析蜻蜓点水，都是些表面原因，诸如"新产品还处于爬坡期，问题较多"这样的原因。
- 分析得太泛了，最终找出的原因都是些短期难以改进、难以影响的"大"原因，诸如"能力不足""人手不足"这样的原因。

你可依照如下步骤去探究规律：

- 我们有哪些举措达成或超越预期？有哪些举措未达预期？
- 针对那些有效举措，我们做对了什么？
- 针对那些不太有效的举措，我们错失了什么？
- 我们看到的是表象，还是根因？
- 我们分析出来的规律，能否适用大多数情况？它可以被复制吗？能不能经得住"五个为什么"的考验？其他人是否一看就懂，就像红军的"三大纪律、八项注意"那样通俗易懂？
- 如果再来一次，我们会怎么做？

第5步：总结沉淀（Summarizing）

真正的复盘，不在于做个总结，而在于提炼出可传承的简单规则。

这一步的目标，是把刚才的经验教训，变成一句团队成员人人铭记、个个会用的行动指南。

比如 Netflix 就有一句响亮的简单规则："Act in Netflix's Best Interest"——花你该花的钱，别的别花。

再如华为的"日落法"：每新增一个流程，必须废除两个流程，极大地防止组织陷入流程泥潭。

一条好规则就像一个好的兵法，不仅能指导团队现在的行为，还能影响未来的判断。

好的规则，简单、易记、能复用。别追求"大而全"，要追求"小而美"。

建议每次复盘，团队只需沉淀 3~5 条简单规则，像"六大战术"那样，少而精，记得住，用得上。

通过上面的 GAMES 复盘五步法，团队成员可以就团队业绩达成情况进行结构化深度反思，总结出能指引未来的简单规则。

在开展形式上，我建议长周期工作和大项目的复盘采用线下聚集的方式，让天各一方的团队成员聚拢在一处，这样能碰撞出更大的火花。短周期工作和小项目的复盘则可以采用在线会议的方式进行。但无论是哪种形式，建议在初期都应严格遵守 GAMES 结构。只有当你对 GAMES 运用娴熟后，才应抛弃它。还是那句话，工具是我们不会走路时的学步车，当我们成长到一定阶段后，再果断地丢弃它。

不要觉得复盘花时间，如果一个团队总是在奔跑却不复盘，就会出现杜牧在《阿房宫赋》中所说的现象："秦人不暇自哀，而后人哀之；后人哀之而不鉴之，亦使后人而复哀后人也。"我们不要总把失败留与后人说，我们完全可以通过团队复盘，把能力建在组织上，实现组织的持续进化。

复盘不仅是为了回顾过去，更是为了塑造未来；不仅是修正，更是进化。每一次复盘，都是组织成长的跃升。而成长力，正是在这一次次集体反思中悄然生成、稳步积蓄，最终成为远程团队的内生驱动力。

个人教练和团队教练

成长，是组织与个体永恒的课题。企业只有不断成长，才能跟上客户需求、不被时代淘汰；员工只有不断成长，才能持续匹配企业的发展，真正实现自我价值。

在远程团队中，管理者无法替员工成长，也不该替团队成长。但你必须做好两件事：

※ 当好个人教练，点亮一个人；
※ 做好团队教练，点亮一群人。

在前文中，我们谈过，如何通过 1 对 1 沟通点亮个体；如何通过团队复盘点亮组织。现在，是时候回望这两种"点亮"背后的共通本质——你，其实正在扮演两种不同类型的教练。

就像表 7-2 所展示的那样，在个人教练中，远程团队管理者的任务是激发个体的内在动力；而在团队教练中，你要做的是营造空间，推动共识，促成团队协同的跃迁。这两种角色，虽分工不同，却彼此补位：

※ 只有个体被点亮，团队的整体温度才会升起；

※ 只有团队场域被激活，个体的努力才不会沦为孤岛。

▼表 7-2 个人教练 vs 团队教练：远程团队管理者的两副面孔

对比维度	个人教练（1 对 1）	团队教练（复盘）
参与关系	1 对 1，私密对话	1 对多，公开场域
关注重点	个人情绪与发展	群体情绪与共识
对话特征	问答直给，情感流动充分	多元碰撞，存在压抑与张力
管理者角色	激发个体潜力、探索个人可能	引导群体智慧、凝聚团队方向
典型场景	员工成长辅导、目标突破、职业发展沟通	团队复盘、跨部门协同、共识建设
管理价值	增进连接、增强信任	提升凝聚力、塑造团队文化

尤其在远程场景下，管理者和团队成员或许全年都难得见几次面——这正是教练型管理价值凸显之时。

它不是发号施令，而是一种平等的共创；不是居高临下的指令，而是一场彼此点亮的旅程。

它不喧哗，却有力量。

它不急于让人"立刻成长"，而是悄然铺陈出"让成长自然发生"的土壤。

而你，正是那个不喧哗却有光的园丁，让成长悄然发生。

重要的是要共同成长

在工作中，我们常常不自觉地，把全部注意力放在业务推进上，而忽略了那些完成业务的人。于是，一些团队成员开始觉得：自己不过是执行任务的"工具人"，在项目流程中看不到自我，也感受不到成长。

我们以为他们缺少的是驱动力，但他们真正缺少的是"被看见"。我们以为他们需要的是高目标，但他们更需要的是"有温度的连接"。

这正是 1 对 1 沟通和团队复盘所要解决的管理难题。

它们不仅是管理动作，更是成长土壤的耕耘——前者点亮一个人，后者点亮一群人，前者传递的是"你很重要"，后者传递的是"我们在一起"。

对所有团队来说，沟通和复盘都重要；但对远程团队来说，它们更是一种刚需。因为在远程场景中，团队成员与管理者长期物理隔离，容易逐渐丧失方向感、归属感、价值感。一场及时、正式的 1 对 1 沟通，不仅能帮助成员看清自己的努力和成绩，也能传递来自管理者的真诚关心，给人以"我被在乎"的感受。一场围绕目标的高质量团队复盘，不只是对工作流程的优化，更是在一次次"做事"的过程中，润物无声地"修人"。

它让团队不仅完成了任务，也完成了自己。

真正优秀的团队，从来不只是完成更多的事，而是成就更多的人。而一位真正优秀的远程团队管理者，也不仅仅关注团队的绩效，更关心团队的进化。

这一章，我们讨论了如何用教练式管理点亮个体、激活组织；但请记住：成长力的终极指向，从不是"我带你成长"，而是"我们一起成长"。

当成长，成为一种群体性的自觉，远程团队，也会拥有真正的归属感、方向感与生命力。

回顾这一章，我们从字节跳动的价值观变迁讲起，探讨了远程团队管理中"共同成长"的底层逻辑。你学会了如何点亮一个人，也知道了如何点燃一群人。而最重要的，是你开始意识到：成长，不再是一个人的事，而是一群人的共同修行。

愿你既有看见个体的眼睛，也有点燃团队的光芒。

第八章

出海企业如何增效

经过前面七章的探索，我们已经完整构建起远程团队增效的五力模型：信任力、目标力、规则力、中台力与成长力。

这五力，就像五根支柱，共同撑起了远程团队高效运转的底座。

但光有方法还不够。很多读者读到这里可能会问：这五力具体怎么落地？五力之间是并行推进还是先后发力？如果我们真的想用这个模型带动一个组织的跃升，第一步该从哪里开始？

别急，本章我们将以一家真实出海企业的转型实践为线索，用一个完整案例，串起五力的实战应用路径，回答"怎么用"，讲清"怎么转"。

你将看到一家公司如何从"远程失控"到"远程增效"，又如何从混乱中提炼出规律，从个体问题中抽象出系统解法。

这不只是一个公司的故事，更是五力模型的实践说明书。

那么，故事从哪里开始？

一家出海企业的困境

2020 年以前，中国企业普遍沉浸在"增长无极限、遍地是黄金"的乐观氛围之中，谁曾想，一场突如其来的疫情，如同一盆冰水，瞬间浇灭了这场增长幻梦。昔日一路飙升的增长曲线戛然而止，取而代之的是前所未有的生存压力与日益加剧的市场内卷。

自 2022 年我开始独立服务企业以来，亲眼见证了企业经营状况的每况愈下。2022 年，大部分企业尚能维持可观的盈利；到了 2023 年，许多企业已在盈亏平衡线上苦苦挣扎；而步入 2024 年，亏损几乎成了行业常态。即便是那些尚未陷入赤字的企业，也深陷市场高度内卷的泥潭，在艰难求生。

如今，无论是房地产等传统行业，还是新能源汽车等前沿科技领域，国内市场早已趋于饱和，增长的天花板近在眼前。面对日益激烈的竞争和有限的增长空间，企业若想突围破局，寻找新的增长引擎，唯有迈向全球，开拓海外市场。这不仅是企业生存与发展的必然选择，更是时代赋予中国企业家的重大命题，关乎未来，无法回避。

在出海大潮中，有一家名为未来科技（化名）的公司，它成立于 2015 年，总部位于上海，是一家专注于人工智能技术研发的创新型企业，主要业务涵盖医疗健康、金融科技和智能制造三大领域。公司在中国拥有超过 500 名员工，其中研发团队占比 60%，市场与运营团队占比 30%，其余为支持部门。

未来科技公司的海外开拓之路，始于 2019 年。从那时起，公司先后在美国硅谷、德国柏林和新加坡设立了分支机构，分别负责北美、欧洲和东南亚市场的技术研发与业务拓展。到了 2024 年，公司的全球员工总数已突破 800 人，其中海外员工占比接近 40%。具体分布如下：

※ 美国硅谷：约 150 人，主要负责 AI 算法研究与北美市场拓展。

※ 德国柏林：约 100 人，专注于数据隐私保护与欧洲市场落地。

※ 新加坡：约 50 人，主攻东南亚市场的技术支持和客户服务。

※ 中国上海：约 500 人，作为总部，负责整体战略规划、核心研发与全球协调。

尽管团队规模迅速扩张，未来科技公司的跨地域管理能力却未能同步提升，公司管理者对跨地域管理的认知几乎为零。高层认为，跨地域管理无外乎就是同各地成员远程开开会，没什么难的。然而，这种简单粗暴的管理方式很快暴露出了 5 大严重问题：

1. 沟通低效：因时差、文化等原因，团队成员之间沟通经常出现信息不对称的问题，导致沟通低效，项目的交付周期普遍延长了 30%~50%。一个正常三个月可以完成的项目，最终耗时五个月才勉强交付。新加坡与美国硅谷团队甚至因沟通不畅而出现重复开发相同功能的情况。

2. 目标割裂：公司提出的目标过于笼统，缺乏具体执行路径。例如，2023 年公司提出了"提升 AI 技术竞争力"的目标，但具体如何实现却无人知晓。新加坡团队专注于算法优化，而美国硅谷团队却在开发新功能，结果导致资源浪费和进度延误。

3. **规则缺失**：公司没有制定任何远程协作规则，导致团队工作节奏不一致。例如，德国柏林团队的工程师经常因为时差问题错过重要会议，而新加坡团队则抱怨美国硅谷团队的邮件回复速度太慢。一次，由于沟通不畅，德国柏林团队和新加坡团队同时开发了相同的功能，造成资源浪费。

4. **信息孤岛**：公司没有建立统一的信息共享平台，导致团队之间的信息流通几乎为零。例如，德国柏林团队的算法代码从未同步到总部，导致新加坡团队在开发新功能时不得不从头开始。一次，美国硅谷团队因为不了解德国柏林团队的进展，重复开发了一个已经完成的功能，浪费了大量时间和资源。

5. **成长停滞**：公司从未为远程团队成员提供任何培训或学习机会。例如，新加坡团队的工程师小王（Wang）曾抱怨："我感觉自己每天都在重复同样的工作，完全没有进步。"德国柏林团队的马克（Mark）也表示："公司从未为我们提供任何培训或学习机会。"2023年，公司37%核心人才因缺乏成长而选择离职，员工称在公司工作就"像在宇宙飞船里种花，不知如何生根"。

这些问题严重影响了公司的项目交付效率和交付质量，最终迫使公司管理层下定决心面向所有管理者导入远程团队增效五力模型。

五力模型如何帮助出海企业增效

信任力：从"互不信任"到"深度连接"

未来科技公司员工分散在全球各地，彼此间素未谋面，彼此的了解仅限于公司内部通讯录上有限的信息，没有个性化的背景介绍。在日常工作中，大家的沟通主要靠电话或者内部即时通信软件。由于缺乏了解，彼此间谈不上任何信任，沟通过程往往充满着猜疑和隔阂。

为了解决这一问题，公司决定从增强团队成员间的信任感入手。首先，团队主管在团队的公共空间创建了一份团队成员的兴趣地图，鼓励团队成员分享自己的个人履历，包括个人背景、职业经历、兴趣爱好等，颇有些像 Linkedin 这样的职场社交平台。例如，马克是一名 AI 算法专家，除了对 AI 算法如痴如醉，同时也是业余马拉松爱好者。有了这份详尽的个人履历，团队成员之间有了更多了解，拉近了彼此的距离，沟通自然也就顺畅了很多。

此外，公司会在每月的最后一个工作日举办"全球咖啡时光"活动，通过线上平台让全球各地团队成员随机配对，进行 15 分钟的轻松在线交流，交流主题可以是公司业务，也可以是生活琐事，只要是彼此共同感兴趣的话题都可以，公司还会为每对在线交流的对子提供价值 100 美元的交流基金。这种非正式的互动让各地团队成员之间走得越来越近，大大减少了跨文化沟通的障碍。

效果立竿见影。来自德国柏林团队的马克和来自新加坡团队的小王，过去在工作中经常不对付，然而，当他们在一次活动中发现对方都是马拉松爱好者时，两人迅速找到了共同话题，很快就建立起了深厚的友谊。在此后的一个项目中，德国柏林团队和新加坡团队再没有产生摩擦，项目交付周期也从原来的 3 个月缩短到了 2 个月。

目标力：从"目标模糊"到"上下同欲"

全球化运作后，未来科技公司的目标管理堪称"教科书式失败"。2023 年初，公司高管层在年度战略会上拍板定下"全年营收增长 50%"的硬性指标，却从未向大家解释这个数字背后的意义。指标被机械拆解到各区域：美国硅谷团队需签约 20 家医疗机构，德国柏林团队要完成 10 项欧盟认证，新加坡团队则背负 30% 的算法效率提升指标。

"这就像是一支各自为政的杂牌球队，大家各自在为自己的数字指标努力，却忘记了最终目标是要让球队赢得比赛。"美国硅谷团队负责人艾米丽（Emily）曾私下这样吐槽。当时她的团队为了完成签约指标，盲目对接大量中小诊所，完全不关注产品的适配性。指标是完成了，但在 3 个月内就有 5 家客户因使用问题而要求和公司解约。

更糟糕的是，各团队对目标的认知严重割裂。德国柏林团队埋头攻克数据隐私合规，却发现美国硅谷团队签下的客户根本不需要这项功能；新加坡团队优化了医疗影像识别速度，却因缺乏临床验证数据被总部驳回。2023年Q3季度复盘会上，三个海外团队负责人首次线上对峙——德国柏林团队指责美国硅谷团队"盲目扩张"，新加坡团队痛陈"努力被总部无视"，上海总部则甩出未达标的财务报表，会议最终在争吵中不欢而散。

问题总要解决。在意识到传统目标制定的问题之后，未来科技公司在2024年发起了一场名为"梦想重启"的目标制定行动。公司CTO张琳在年度全球线上会议中，没有展示财务报表，而是播放了一段震撼人心的视频：非洲偏远村庄的医生通过公司的AI系统，首次实现了乳腺癌早期筛查；美国急救车在转运途中用移动端AI完成卒中预判，为患者抢回黄金救治时间。

"我们的目标不是冰冷的数字，而是让全球每台医疗设备都有一颗'星辰大脑'。"张琳的话点燃了屏幕前数百双眼睛。接着，她发起"团队小梦想"征集：每个分部用一张图片＋三句话，描绘他们心中AI医疗的未来。

※ 德国柏林团队上传了柏林夏里特医院的照片，配文："让欧洲最严苛的数据监管标准，成为患者隐私的守护神。"

※ 美国硅谷团队晒出硅谷急救创新实验室的LOGO，写下："做第一个通过FDA认证的急救场景AI诊断系统。"

※ 新加坡团队则呈现了东南亚渔村卫生站的实拍图，承诺："让算法在低带宽环境下也能挽救生命。"

这些小梦想后来被制成数字愿景墙，展示在公司的协作平台首页。德国工程师汉斯（Hans）在留言区写道："终于知道为什么每天要调试300次加密算法了——我们不是在写代码，我们在建数字堡垒。"

更鼓舞团队成员的，是公司彻底改变了过往的目标制定模式，不再像以往一样实行"总部制定，全球下达"的模式，而是改用"全球虚拟工作坊"的方式，由团队成员进行集体共创制定。通常，这一过程会持续三天甚至更长的时间。第一步做梦想对齐，第二步基于梦想进行目标爆破，第三步举行目标出征仪式。

梦想对齐：看见彼此的未来图景

全员通过 Miro 在线白板进行"梦想连线"：上海总部的临床专家贴出发展中国家医疗资源分布图，美国硅谷团队用红色标签标注急救响应盲区，德国柏林团队则用蓝色便签标记欧盟新规的影响范围。当新加坡工程师小王把"渔村卫生站网速测试数据"叠加到地图上时，所有人突然发现——他们追求的小梦想正在拼出一张全球医疗 AI 落地的完整拼图。

目标爆破：构建共识的 OKR 地图

分组进入"目标实验室"，用六项思考帽法拆解难题。最激烈的讨论发生在美国与德国柏林团队之间：

※ 美国硅谷团队主张"先抢占 FDA 认证，建立市场壁垒"。

※ 德国柏林团队坚持"必须同步满足 GDPR，否则欧洲市场会面临关闭风险"。

※ 新加坡团队突然插入："如果算法能在低带宽环境运行，就能同时满足急救场景和偏远地区需求！"

经过八小时拉锯战，一个 OKR 最终得到大家的共识而浮出水面：

O：推出新一代 AI 诊断工具，实现"急救场景＋偏远地区"双突破

KR1：算法效率提升 40%（新加坡主责）

KR2：通过 FDA 认证（美国主攻）

KR3：符合 GDPR 数据安全标准（德国担当）

KR4：在 2G 网络环境下完成全流程测试（全员协作）

目标出征：用仪式唤起行动承诺

公司目标完成制定后，还会举行一个小小的线上出征仪式。在出征仪式

上，各团队负责人会戴上VR设备，在线上虚拟会议室签署"出征誓约"。当德国柏林团队主管马克用虚拟笔在悬浮的OKR文件上签字时，新加坡团队小王突然喊停："等等！我们应该加一条——任何团队遇到瓶颈，其他相关分部必须在48小时内停下手头的工作，对其进行响应支援。"这条临时动议立即获得全票通过，最终形成的KR5成为团队间的隐形纽带："建立跨时区协作响应机制，将问题解决时效提升50%。"

公司目标就这样生效了，年度目标大战就此拉开帷幕。公司发现，通过这种方式制定出来的目标，团队成员的干劲比以往要大上许多倍。

不过，在实施目标的过程中，变化总是无时不在。美国硅谷团队在冲刺FDA认证时，发现需要德国柏林团队的隐私计算模块支持。按旧流程，这需要至少两周的层层审批。但这次，艾米丽直接@马克的私人Slack频道："老伙计，我们的动物实验数据需要你们的加密算法进行升级，能抢在72小时内交付吗？"

马克回复了一个奔跑的动画表情："收到，德国柏林团队立即行动，咖啡机24小时待命。"

最令人动容的是新加坡团队的表现。为实现"2G网络测试"这个看似不可能的任务，工程师们自发组织"降速黑客马拉松"，把自家路由器限速到128kbps以模拟渔村环境。当小王在凌晨三点终于让AI诊断系统在"龟速"下跑通时，他还意犹未尽，在公司内网直播拍摄了整个跑通过程。柏林、硅谷、上海的同事们纷纷上线，用不同语言的弹幕刷屏："这不是代码，这是患者的生命线！"

正如硅谷工程师汤姆（Tom）在后来的季度复盘会上所说："以前觉得KPI是拴在脚上的枷锁，现在发现OKR是插在胸口的勋章——我们不是在为总部打工，我们是在为自己的梦想而战。"

规则力：从"混乱无序"到"高效协作"

在开拓印度市场时，未来科技公司曾发生过一起标志性事件。当时上海总部紧急启动了一个项目，要求印度孟买团队在两周内完成当地医院影像数据的标注工作。视频会议上，印度项目经理听到需求后，双手合十微笑道："没问题，我们OK的。"

然而，在项目截止日当天，当上海的数据科学家打开共享文件夹时，只看到200份标注文件——不到目标量的十分之一。因此而被骂得狗血淋头的印度负责人拉吉在后来的复盘会上解释说："这其实是一场误会。在印度职场文化中，当面说'No'会被视为不专业。我们说'OK'只是出于尊重，表示收到任务，并非承诺，我们还需要更多时间来沟通细节……"

事实上，这种跨文化误解不只存在于印度孟买团队，在其他团队中同样存在：

※ 德国柏林团队每天18：00准时下班，紧急事务找不到对接人，被美国硅谷团队私下称为"柏林时钟"。

※ 新加坡工程师总在会议纪要里写"我们会努力推进"，三个月后才发现他们的"努力"等于"还没开始"。

※ 最戏剧性的当属中美团队的文件版本事件——上海总部用红色标记为需"紧急修改"，美国硅谷团队却将红色理解为"最终确认"，直接交付客户引发投诉。

可以看到，未来科技公司的跨国协作，就像是现代版的巴别塔施工现场：每个团队都说英语，却活在完全不同的语义世界里。

如何破局？公司决定为全球团队制定一份共同的规则。这一次，参照目标共创的经验，公司依然舍弃了过去那种"总部制定，全球下发"的模式，而是发起"世界规则共创计划"。

第一步：痛点击穿在线工作坊

全球72名来自各区域的代表戴着VR设备，进入元宇宙会议室。主持人抛出一个灵魂拷问："请用母语写下你最难忍受的协作痛点。"

※ 印度工程师阿米特（Amit）写下印地语"असपष्टता"（模糊性）。

※ 德国测试员安娜（Anna）贴上德语"Unverbindlichkeit"（随意承诺）。

※ 美国产品经理莎拉（Sarah）的便签写着"Timezone roulette"（时区轮盘赌）。

当这些词汇被实时翻译投射到中央屏幕时，所有人才惊觉：原来每个团队都在忍受着相似的痛苦，只是表达方式不同。

第二步：规则熔炉实验

各组拿到三件"规则原型装备"。

1. 承诺触发器：任何任务确认必须使用"Commit"（承诺）而非"Try"（尝试）。

2. 时空定位仪：所有会议必须标注"当地时间+UTC时间"。

3. 语义解码器：建立《星辰协作词典》，明确定义20个高频模糊词。

最激烈的争论发生在"完成定义"环节。当德国柏林团队坚持"Done=测试覆盖率100%+文档齐全"时，印度孟买团队惊呼："这在我们这里等于项目永远无法交付！"经过通宵激辩，最终对完成等级达成里程碑式共识。

※ Bronze Done（铜牌级达成）：核心功能实现。

※ Silver Done（银牌级达成）：通过基础测试+关键文档。

※ Gold Done（金牌级达成）：全量测试+完整文档+培训材料。

每个阶段都给出了明确定义，各团队可根据项目性质选择承诺等级。更进一步，各团队群策群力，制定了《远程协作十条》，如表8-1所示。

▼表8-1　远程协作十条

维度	序号	规则
时空法则	1	所有时间必须标注当地时间+UTC时间
	2	会议组织者需确保至少3/4参会者在当地时间8：00~20：00区间
承诺法典	3	禁止使用"尽量""争取"等模糊承诺
	4	任务确认必须明确："Commit to [完成等级] by [UTC时间]"

续表

维度	序号	规则
语义宪章	5	"紧急" = 需 4 小时内响应；"重要" = 需 24 小时内响应
	6	"完成"必须对应 Bronze Done/Silver Done/Gold Done 三个完成等级
信息律令	7	每天 17 点前提交日报，包含进展／风险／需协助事项三要素
	8	每周五中午 12 点前提交周报，按"成果—问题—计划"三段式结构提交
冲突解决机制	9	解决冲突的最好方式是当事方直面冲突，而非回避冲突
	10	任何协作争议需当天 0 点前关闭，绝不留到次日

可以看到，这十条规则都非常具体，它们对提升远程团队的沟通协作效率至关重要。

第三步：规则内测风暴

《远程协作十条》发布后，印度孟买团队首先主动在工作中进行试水。在标注医疗影像的新任务中，拉吉学会了标准话术："基于当前资源，我们可以在两周内交付 Bronze Done（铜牌）级别的 10 万标注量，这需要总部提供标注规范模板。"这次上海总部立即听懂了潜台词——印度孟买团队需要明确的输入标准。当任务最终提前两天达成 Silver Done 时，公司内网诞生了首个破万浏览量帖子：拉吉上传的标注文件截图，配文"This time, real OK！（这一次，是真 OK 了！）"

现在，当走进未来科技公司的任意一场跨国会议，你会看到这样的场景：

1. 时空交响曲：会议邀请自动显示各参会者的本地时间，德国工程师汉斯（Hans）的日历明确标注"UTC+1 17：00 后仅处理 P0 级事务"。

2. 承诺仪式：美国产品经理莎拉提出需求后，印度孟买团队不再说"OK"，而是给出精确的"Commit to Bronze Done by Friday UTC+5.5（承诺在印度标准时间周五实现核心功能——铜牌级完成）"。

3. 语义防火墙：当新加坡工程师说"马上处理"，会自动触发机器人追问：

"请选择具体时效：1小时内/今日内/本周内"。

最经典的案例发生在2024年圣诞前夜。当时印度孟买团队需要紧急修改欧盟客户的数据看板，于是按照新规则发出跨时区协作请求：

[紧急度] P1（需48小时内响应）

[需求方] 柏林客户成功团队

[承诺等级] Silver Done（需通过数据校验测试）

[依赖项] 需要上海数据团队在UTC+8 10：00前提供清洗后的数据集

上海总部凌晨收到通知后立即响应，德国柏林团队醒来时已看到完整测试报告。全程没有一封混乱的邮件，没有一次无效的越洋通话，就像精密运行的瑞士钟表。

中台力：从"信息孤岛"到"无缝协作"

2023年前的未来科技公司，曾被员工戏称为"信息中世纪"。当时美国硅谷团队用Jira工具来管理需求，德国柏林团队用Trello进行进度跟踪，新加坡团队则坚持用Excel进行手工更新，而上海总部每周需要人工汇总二十多份不同格式的报告。

最惨痛的教训发生在"医疗影像标注"项目上：

※ 美国硅谷团队在Jira上将某功能标记为"已完成"，实际仅完成算法开发。

※ 德国柏林团队在Trello中误将"数据清洗"卡片拖入"已发布"列。

※ 新加坡工程师小王连续三周在Excel里更新"标注准确率98%"，却无人发现他错把训练集数据当测试集数据。

当这个承载着公司战略希望的项目最终交付时，客户发现系统识别肺炎的准确率只有63%——比竞品低20个百分点。复盘会上，德国工程师安娜（Anna）红着眼眶说："如果我们能早些看到新加坡的真实数据，本可以提前调整模型……"而新加坡小王盯着自己那份被总部标满红叉的周报，第一次在摄像头前摔了笔记本。

更荒诞的是跨时区接力赛：德国柏林团队每天早晨都要给上海总部发送"昨日进展"，等收到确认邮件时，美国硅谷团队已经开始了新一天的工作。某次紧急需求传递中，关键文档在邮件、Slack、微信间流转了七道，最终版本竟比初版少了三个功能点。

为了解决不同工作平台的问题，未来科技公司启动了一个名为"光年计划"的项目，不惜投入数千万打造公司的统一协作平台。这个被称作"数字联合国总部"的平台，彻底重构了全球团队的协作方式，它包含全球智能看板、数据智能枢纽和数字孪生会议室三大板块。

全球智能看板能让全球所有团队看到公司任一团队的实时工作进展，透过看板，员工可以实时看到这样的画面：

※ 新加坡团队被标注为绿色，显示其工作进度和工作质量完全正常。

※ 越南区域不断闪烁着红光，表明其工作质量跌破阈值，需要立即介入。

※ 美国硅谷团队的代码提交记录化作流星雨，某颗紫色流星显示"汉斯（柏林）正在提交隐私计算模块"。

※ 上海总部的数据管道像银河般流淌，某个突然膨胀的光点提示"印度孟买团队上传了10万级标注数据"。

最震撼的是"项目时空走廊"功能：当硅谷工程师汤姆（Tom）在凌晨提交算法优化方案时，平台自动生成跨时区影响链（见图8-1）——这条光带不仅让每个团队看到自己的坐标，更让"时差"从阻力变成接力优势。

UTC-7 03:00汤姆提交代码
↓
UTC+1 12:00汉斯接收代码并入隐私模块
↓
UTC+8 19:00上海总部启动集成测试
↓
UTC+5.5 22:30印度孟买团队验证本地化适配

▲ 图8-1 跨时区影响链

数据智能枢纽则更进一步，智能汇总和分析各种数据并进行实时预警。当新加坡小王再次更新标注数据时，平台突然弹出预警："检测到测试集分布偏移，建议重新采样。"他才发现自己误选了过时数据集——正是2023年那个致命错误的数字化身。通过数据智能枢纽的加持，"星辰中枢"进化出了三大能力：

1. 智能纠错：自动校验20类常见数据错误。
2. 风险预测：根据历史数据预警进度偏差。
3. 知识蒸馏：将德国柏林团队的GDPR合规经验转化为可复用的检查清单。

最精妙的要数"数字孪生会议室"：当印度孟买团队需要与德国柏林团队讨论数据加密方案时，平台会自动生成虚拟沙盘——左侧是印度医院的真实网络拓扑，右侧是欧盟数据中心的模拟环境。双方工程师在增强现实界面中，亲眼看到不同加密策略对系统延迟的影响。

统一的工作中台，大大提升了团队的协作性：

※ 信息传递效率：需求从提出到响应从平均七八个小时缩短至2.3小时。

※ 错误率下降：因信息不对称导致的项目返工减少89%。

※ 创新加速：跨团队知识复用使新产品研发周期缩短40%。

※ 员工体验：93%的成员认为"能清晰看到自己对全局的贡献"。

正如工程师汤姆在平台留言板所写："曾经我们像摸黑拼图的盲人，现在'星辰中枢'让每个人都能看见整幅画卷——并且知道自己手中的拼片正在照亮哪个角落。"德国工程师安娜更用诗意的语言描述这种改变："当柏林墙倒塌时，人们说这是信息的胜利；今天，我们正在用比特流探索连接公司所有人智慧的新大陆。"

成长力：从"停滞不前"到"持续进步"

由于缺乏个性化辅导和成长支持，远程团队成员常常会陷入职业发展困境。平淡无奇的团队会议和偶尔的团队培训，无法满足个人成长的需求，许多优秀人才因此选择跳槽或停留在舒适区，团队士气低落，创新力不足。

2023 年，德国工程师汉斯（Hans）在年终述职时写下这样一段话："我过去一年的工作就像在宇宙飞船里种花——我能看到地球总部发来的栽培手册，但却没人告诉我这里的重力是否适合生根。"这揭示了当时跨地域管理的致命伤。

1. 团队主管与成员间缺乏 1 对 1 深度沟通

主管们将远程沟通简化为任务检查站。美国工程师汤姆（Tom）至今记得主管的经典开场白："本周完成 3 个需求点对吧？好，下周 5 个。"当他试图讨论职业规划时，电话里总会重复同一个声音："这个我们年底再讨论。"

2. 复盘会沦为甩锅战场

某次全球复盘会上，新加坡团队展示的"标注准确率 98%"被上海总部质疑数据造假。当小王调出原始数据时，德国柏林团队突然插话："你们的评估标准和我们不一致！"会议最终演变成各区域 KPI 计算方式的混战。

3. 成长路径黑洞

孟买工程师拉吉（Raj）花了三个月研究数据加密算法，却在交付时被告知德国柏林团队早已开发过类似模块。他苦笑道："我们像在不同轨道运行的卫星，永远不知道其他星系有什么资源。"

这种状态在 2023 年底达到临界点——当年核心人才流失率高达 37%，离职访谈中出现最高频的词是"孤独"和"迷茫"。

2024 年，未来科技公司启动"星链成长计划"，将远程成长力拆解为两个精密咬合的齿轮：深度 1 对 1 沟通与结构化 GAMES 复盘。

齿轮一：深度 1 队 1 沟通

为了提升 1 对 1 沟通的质量，公司要求所有 1 对 1 在线沟通必须采用如下方式进行：

※ 全程视频沟通：和下属的 1 对 1 沟通必须以视频方式进行，禁止关闭摄像头进行单纯语音沟通。

※ 时间魔法：前 10 分钟必须关闭任务看板，专注讨论"这个项目能让你收获什么？你希望在完成当前的工作后自己成为什么样？"

德国主管马克（Mark）至今记得与汉斯的第一次变革性对话：

当汉斯说到他"对 AI 伦理的价值感到迷茫"时，马克没有立即尝试说服他，而是调出汉斯过去半年的代码提交记录。数据可视化平台显示：他 65% 的隐私算法贡献集中在医疗伦理相关模块，为公司额外贡献了 10% 的订单收入。"看看你的贡献，"马克说，"你在隐私算法方面的研究，已经为公司垒起了一座价值宝塔。"

这次对话坚定了汉斯继续深化隐私算法研究的决心，也坚定了马克继续开展 1 对 1 定期远程沟通的信心。后来，马克还把汉斯的成长轨迹制成了 3D 路径图，张贴在团队在线空间中，它成为团队新人成长的导航星座。

齿轮二：结构化 GAMES 复盘

2023 年未来科技公司"医疗影像标注"项目惨败后，CEO 强令召开全球复盘会。这场被戏称为"数字版鸿门宴"的会议呈现了传统复盘的经典败局。

※ 空洞的目标：新加坡工程师小王调出半年前的会议纪要："提升标注效率 30%？当时总监口头说的是'越快越好'，这个数字是会后助理随便填的。"

※ 失真的行动回溯：美国硅谷团队坚称"完成所有测试"，但当德国柏林团队要求查看测试用例时，项目经理尴尬承认："其实只覆盖了核心场景……"

※ 浅薄的总结陈词：经过三小时扯皮，最终输出堪称职场黑色幽默的结论："加强沟通、提升效率、注重质量"——与三年前某失败项目的复盘结论完全雷同。

这种"拍脑袋式复盘"的恶果在三个月后再度爆发：当团队投入新项目时，所有历史教训如同从未存在，团队再次踏入同一条错误的河流。

在多次复盘未见成效后，公司终于痛下决心在公司层面开展结构化深度复盘，而采用的方法正是我们在第七章中介绍的 GAMES 复盘五步法。团队通过先完全复现当初的目标以及实际开展的关键行动（Goal、Action），再对每个目标的达成情况进行评估（Measuring），然后结合评估结果，对每一个关键行动进行深度推演（Exploring）以找到经验教训，最后再对经验教训进行萃取从而找到普适性打法（Summarizing）。通过结构化 GAMES 复盘，公司各团队发现了很多深层次的问题。

以公司在 2024 年 2 季度（Q2）的如下 OKR 为例。

O：Q2 上线急救诊断系统，提升急救诊断效率

KR1：线上急救系统通过 FDA 认证

KR2：系统响应速度 <3 秒，智能预判准确率达到 90%

这个 OKR 在复盘时的达成情况是这样的，FDA 认证延迟 2 周，系统响应速度达标但准确率仅 87%。通过采用结构化 GAMES 复盘，团队最终发现了如下 6 个问题。

1. 为追赶 KR1 的 FDA 认证节点，团队选择开发速度更快的单体架构，但因此产生 300% 的技术债成本。平行推演显示，若采用模块化架构，虽初期多投入 2 周，但整体项目周期可缩短 22%。

2. 88% 的架构讨论聚焦"如何按时交付"，仅 12% 涉及"如何可持续迭代"。时间压力导致技术理性让位于进度焦虑。

3. 印度孟买团队对"完成"的理解停留在代码提交，而 FDA 认证需要完整文档链。语义偏差导致 KR1 关键材料缺失 30%。

4. 德国柏林团队每日 18：00 准时离线，并非效率问题，而是其文化中"工作生活平衡"不可侵犯。这直接导致中美团队每日损失 3.5 小时决策窗口。

5. KR2 的 90% 准确率仅在理想化实验室达成，真实急救场景下暴跌至 79%。根本原因是测试用例库中仅 12% 来自真实急救车数据。

6. 工程师追求的"算法准确率"与医疗需要的"临床有效性"存在认知断层，导致系统误判两个致命病例类型。

针对这些问题，团队总结出了如下关键打法。

1. 熵值预警：架构评审必须出具技术债系数报告，熵值 = 技术债成本 / 短期节省时间。

2. 时间对冲：为每个 KR 预留 15% 的时间"缓冲期"，用于缓冲决策错误导致的时间成本。

3. 债转股机制：技术债必须对应明确的偿还计划，纳入下季度 OKR 追踪。

4. 术语原子化：将"完成"拆解为 Bronze Done/Silver Done/Gold Done 三级标准，每级对应 20 个检查项。

5. 承诺仪式：任务确认需使用标准化话术："Commit to [级别] Done by [UTC 时间]+[依赖条件]"。

6. 文化镜像测试：重大决策需通过不同文化视角的虚拟推演，差异率 >15% 必须重新校准。

7. 极端场景库：每个产品必须建立真实场景用例库，占比 ≥ 40% 且每季度更新。

8. 环境穿越测试：性能指标需在三级环境中验证（理想 / 标准 / 极端）。

9. 用户价值对齐：对每个技术指标，要将其转换成对应的客户价值（如：1% 准确率提升 = 多挽救 XX 生命）。

这些打法具体而深刻，避免了团队在未来重犯类似的错误，大幅提升了团队的协作效率，让团队能不断地自我超越。事实上，这次复盘之后，公司的很多顽疾都被一扫而空彻底消除了。

五力共振，组织焕新

在远程团队增效五力模型的引导下，未来科技公司实现了从混沌到有序、从割裂到协同的跃迁。五力并非彼此独立的战术工具，而是一套内在联动的增效机制。当信任力打通人与人之间的连接，目标力统一组织的前行方向，规则力让协作有序可依，中台力支撑信息流动与知识沉淀，成长力则激发个体潜力与组织活力——一场系统性的组织重构就此展开。

这一年的系统性应用，为未来科技带来了以下切实成果。

1. 团队协作效率提升：项目交付周期缩短了 30%，跨时区沟通障碍减少了 50%。

2. 员工满意度提高：全球团队成员的满意度调查显示，信任感和归属感提升了 40%。

3. 业务增长显著：2024 年，未来科技公司的海外市场收入同比增长了

60%，成功打入了欧美高端医疗市场。

4. **创新能力增强**：通过全球团队的协同创新，公司推出了多款领先行业的AI产品，获得了多项国际专利。

未来科技的案例告诉我们：组织效率的提升，不是靠单点爆破，而是依靠系统发力。当组织的五力真正被激活，它所创造的，不仅是眼前的业绩增长，更是一种可以穿越地域、文化与时代的持续进化能力。

向外出海，也向内生长

企业出海，表面看是地理坐标的漂移，本质上却是组织能力的一次跨越。

从"沟通不畅"到"跨时区高效协作"，从"目标各自为战"到"全球共创愿景"，从"文化误解"到"规则共识"，未来科技的变革，揭示了一条值得借鉴的路径：组织不是靠更严密的管控变强，而是靠更有韧性的连接成长。

在这一章，我们跟随未来科技的脚步，看见了五力如何从理论落地为实践，如何穿越时差、语言、文化与边界，在一家公司内，慢慢绽放出协同的光芒。而这背后，其实藏着一个更大的命题：企业真正的出海，不只是产品的漂洋过海，而是人的理解、信任与协作，能否穿越边界，在另一个世界生根发芽。

这一章写未来科技，也写所有正走在"走出去"路上的你们。

写全球化的管理难题，也写管理者的孤独与希望。

写五力的精进路径，也写你我的成长之路。

愿你在组织这艘船中，不只掌舵远方，也能照见人心。

五力模型不只是一本操作手册，更是一张组织成长的星图。从现在开始，你可以拿着它，找到自己的北极星。

那么，现在，轮到你了——请看看，你的组织还缺哪一力？你愿意先从哪一力出发？

第九章

组织增效的四重境界

管理，不只是技巧的堆砌，更是一场认知的修行。

回顾前八章，我们一步步拆解了远程团队增效的五力工具箱，走过了实操为重的训练之路。

但就像习武之人，仅靠一招一式难以登堂入室。真正的高手，修炼的是"剑心"；真正的远程团队管理者，追求的是"管理气场"。

所以这一章，我们不再谈工具，而是谈境界——你如何整合五力，构建系统能力？又如何从"刻意练习"走向"自然流转"？答案，就藏在这一章的修行地图里。

组织增效四重境界

真正的管理，始于整体感知。

回顾前面章节，我们拆解了远程团队增效的五大核心能力——信任力、目标力、规则力、中台力与成长力，并对应提出了十项关键实践招式。你也许已经开始尝试落地实践，甚至取得了不错的成效。

但也可能产生这样的疑问：

※ "我每天业务那么忙，哪还有精力把这五力都练到位？"

※ "学是学了，但怎么还是抓不住团队的核心节奏？"

其实，很多管理者的问题不在于学得不够多，而在于学得不够整体。我们往往在局部用力，却忽视了整体系统；关注了某一方面的技巧，却没有把五力模型介绍的五种力整合成一套完整的"组合拳"。

这就像那个我们耳熟能详的故事：

盲人摸象：你看见的，是"大象"，还是一条"蛇"

相传在某个国度，国王很仁慈，对他的国民总是有求必应。

某日，五个盲人来到王宫，恳请国王说："仁慈的陛下，听人说大象是一种个头巨大的动物，我们很好奇，想亲手摸一摸大象究竟长什么样子。"

国王欣然应允，命手下大臣去牵出一头大象来让五个盲人摸。

五个盲人兴高采烈地来到大象身旁。大象实在太大了，他们几个人有的摸到了大象的鼻子，有的摸到了大象的耳朵，有的摸到了大象的牙齿，有的摸到了大象的身子，有的摸到了大象腿，有的抓住了大象的尾巴。

国王见他们摸得差不多了，问他们道："现在你们知道大象长什么样了吗？"

第一个盲人摸到了大象腿，首先说："大象像一根高大的柱子！"

第二个盲人摸到了大象鼻子，急忙说："大象又粗又长，像一条巨蟒。"

第三个盲人摸到了大象耳朵，慌忙地说："不对，大象又光又滑，像一把扇子。"

第四个盲人摸到了大象的身体，赶紧插话说："大象明明又厚又大，像一堵城墙啊。"

最后，第五个盲人抓到了大象的尾巴，他慢条斯理地说："你们都错了！依我看，大象又细又长，分明就像一根绳子。"

五个盲人谁也不信谁，谁也不服谁，争吵起来。

这五个可怜的盲人，哪怕谦虚那么一点点，相互借鉴一下对方的发现，而不是这般固执己见，想必就能拼凑出大象的全貌，绝不会像这样只见树木、不见森林了。他们不是错了，而是看得太局部。

寓言虽老生常谈了，但问题是，现实生活中，我们往往总是知道了这么多道理，却依然过不好这一生，也时常陷入类似的误区。

很多远程团队日常做的，何尝不是在"各摸一段大象"：有人只注重沟通不顾制度，有人只关注工具忽略目标，有人推行规则却忘了信任……最后，大家都在用力，但组织却始终低效。

所以，真正的远程团队管理，是一场 系统修炼的旅程。

而这场修炼，也有其进阶路径，就像剑道之路一样——从"有剑不灵"，到"无剑而灵"。

我将远程团队管理的成长过程，归纳为"四重境界"。你可以把它当作一张地图，对照自己当前所处的位置，决定你下一步要迈向何方。

第一重境界：手中有剑，心里无剑（有意识无系统）

在剑道初学者眼中，剑是一种陌生而沉重的工具。他们拘谨地练习基本招式：如何握剑、如何站位、如何出招……每一步都要刻意思考，生怕出错。

远程团队管理者初入"五力"之门，也常常如此。他们知道需要建立信任、制定目标、推动规则，但每一步都靠"硬记""硬搬"，五力之间互不衔接，就像猴子掰玉米，学了一招，忘了前招，难以形成体系。

这是"有意识但无能力"的阶段。

他们学了很多，却依然困惑："为什么总是学不成？我明明记住了方法，团队却仍然低效？"

这并不是你不够努力，而是你尚未建立"五力"的整体认知结构，更未能在实战中找到它们的逻辑内核。

这，就是远程团队管理的第一重境界：知道每一剑该怎么出，但每一剑仍需思考。

第二重境界：手中有剑，心里也有剑（有体系可调度）

持续练习之后，剑法从生疏变熟练，动作从断裂变连贯。剑不再是外在之物，而逐渐融入了练剑者的身体节奏中，形成系统理解。

远程团队管理者也进入了新的阶段。此时，他们已经不再将五力视为"各自为政"的方法，而能感知它们的"合力之道"。

他们知道：

※ 信任力是远程团队的引力场；

※ 目标力是冲出平庸的逃逸速度；

※ 规则力是沟通共识的语法系统；

※ 中台力是远程协作的神经中枢；

※ 成长力是团队进化的永动引擎。

他们开始能灵活运用五力组合拳，根据不同情境取舍重点，比如在高速冲刺阶段强化目标与中台，在磨合期重点夯实信任与规则。

这是"有意识也有能力"的阶段，远程团队管理者开始从"知道怎么做"走向"能做到"。

第三重境界：手中无剑，心里有剑（五力入脑又入心）

真正的高手，已无须刻意握剑。任意一根树枝、随手一片树叶，皆可化剑。剑已化于心、藏于骨、流于血——成为他的另一种本能。

远程团队管理者也进入了"随形而不执形"的境界。他们不再拘泥于形式，而是自然地让五力渗透进日常决策与交流中：

※ 没有管理话术，但每一句话都在传递信任；

※ 没有绩效画布，但每一个目标都直指使命；

※ 没有繁杂流程，但规则自然生长在习惯里。

他们不再问"怎么运用五力"，因为五力早已流淌在他们的管理语言、判断逻辑与领导气场中。

这是"无意识但有能力"的阶段。剑未在手，却已出招；五力不显，却已奏效。

然而，这仍然不是终点。真正的极致境界，还在更高处。

第四重境界：手中无剑，心里也无剑（气场即管理）

再进一步，高手已不再意识到自己在"练剑"。剑术融于生命，剑气融于天地——他已无剑，却所向披靡。

此时的远程团队管理者，不再强调"我在运用信任力"或"我们要复盘"。他就是组织文化的一部分。信任、目标、规则、中台与成长，已经化作组织肌理，自然流动于协作与沟通之间。

这种管理，不依赖技巧、不需标签，而是一种深植于心的组织气场，一种不动声色却极具穿透力的领导力。

这是"无剑无心"的境界：无为而治，不治而治。远程团队管理已化于无形，却影响有形。

从工具到气场：如何踏上五力修炼的阶梯

如果你觉得前文提到的"四重境界"还略显抽象，有些让人摸不着头脑，那么别急，接下来的这张表——"远程团队增效的三重境界"（表9-1），将以更直观的方式呈现远程团队增效的三个台阶，让你一眼看清修炼路径。

▼表9-1 远程团队增效的三重境界

五力	十招	第一重	第二重	第三重
深度信任 建立远程团队成员间信任	建立成员档案，深度理解他们			√
	定期破冰，拉近彼此距离	√	√	√
共同目标 设定远程团队共同目标	共识团队小梦想			√
	共创团队 OKR	√	√	√
团队规则 建立远程团队规则	制定团队行为规则		√	√
	评价规则有言在先	√	√	√
工作中台 营造远程团队氛围	建立远程团队的工作中台	√	√	√
	信息公开，给团队经常和相关的更新		√	√
共同成长 帮助远程团队成长	做好和团队成员的1对1沟通		√	√
	定期团队复盘	√	√	√

如果你时间紧迫，建议优先练好这五招，以迈入第一重境界：

※ 定期破冰，拉近彼此距离；

※ 共创团队 OKR；

※ 评价规则有言在先；

※ 建立远程团队的工作中台；

※ 定期团队复盘。

接着，再掌握以下三招，迈入第二重境界：

※ 制定团队行为规则；

※ 信息公开，给团队经常和相关的更新；

※ 做好和团队成员的1对1沟通。

最后，加入以下两招，完成到第三重境界的飞跃：

※ 建立团队成员档案，深度理解他们；

※ 共识团队小梦想。

看似艰深的"境界修炼"，其实只需要从几项关键动作开始践行。如果你坚持每日精进这些招式，境界的跃升，也将水到渠成。

你也许会问：那第四重境界怎么进入？

别急。只要你在第三重境界持续练习半年到一年，第四境界会自然浮现。

当那一天到来，本书就完成了它的使命。你可以把它放下、忘记，甚至撕碎。因为你已经不再需要它——你就是这本书最好的延续。

组织增效状态自检表

为了帮助远程团队管理者更好地照见自己，我特地准备了一份远程团队增效状态自检表。每隔一段时间，不妨重新检视一遍，为自己的成长做一次体检，如表9-2所示。

▼表9-2 远程团队增效状态自检表

维度	子维度	序号	题项
深度信任	了解成员	1	我了解每个团队成员的个性、特长和生活近况
	坦诚开放	2	我会有一说一，不藏着掖着，减少大家"揣摩上意"

续表

维度	子维度	序号	题项
深度信任	信息公开	3	信息在团队内充分流动和共享，大家能方便地获取和了解到团队正在发生的一切
深度信任	信任成员	4	我信任我的团队成员，相信他们能够全心投入以保证工作顺利推进
共同目标	团队目标	5	不管团队分散在何处，大家有一个共同的团队目标
共同目标	团队共创	6	团队目标是远程团队成员一起共创制定的
团队规则	团队规则	7	团队一起建立了简单清晰的团队规则（如沟通、决策规则），帮助团队顺畅运作
团队规则	公正评价	8	我会对所有人一视同仁，无所偏倚
工作中台	工作中台	9	我建立了团队公共工作空间，让远程团队成员的工作尽可能相互可见
工作中台	信息公开	10	我倡导信息公开，让工作相关信息在团队内自由流动
共同成长	定期沟通	11	我会定期与远程团队下属进行线上/线下 1 对 1 沟通
共同成长	团队复盘	12	团队会围绕工作定期集体复盘和反思

管理的觉察，始于自我审视。远程团队管理者可以对照这份自检表，定期做做自检，给自己的跨地域管理状态照照镜子，不断驱动自己进入更高的远程团队管理境界。

愿每一次自检，都是走向更高境界的一次小飞跃。

五力修行实战图鉴：看华为与字节如何走到高境界

在中国企业出海的大潮中，华为与字节跳动无疑是最具代表性的"双子星"。它们均拥有超过 20 万员工，横跨全球的业务体系，也都成功在远程团队中实现了极高效的协同与执行力。

但令人惊叹的是——两者的管理路径几乎走在两极：

※ 一个以流程为体、规则为骨、中台为器，塑造出钢铁般的系统力；

※ 一个以算法为魂、文化为流、技术为根，塑造出弹性十足的进化力。

从五力模型的维度来看，两家企业就像太极图中的阴阳双鱼——既对立，又统一；既各擅胜场，又殊途同归。

华为：流程打造钢铁军团，规则成就秩序之光

这家科技巨头将军事管理的基因深植于组织的每一个细胞。

目标力：从战略沙盘到千人千图

每年4月，华为启动"五年中长期战略规划（SP）"与"年度业务计划（BP）"，通过层层分解，精准传导至全球500多个"作战单元"。

※ 巴黎的5G工程师在晨会中调阅东京实验室的信道测试数据；

※ 西非项目组与慕尼黑的车联网团队共享同一份技术路线图。

这套"全球对齐"的战略机制，宛如一张看不见的GPS网，确保每一个远程节点都与组织意图同频共振。

规则力：从《华为基本法》到劳动态度自检

规则是华为最具特色的组织语言。

员工入职第一天，都会领到一份《华为基本法》，它既是一部文化宣言，也是一套行为操作手册——从深圳到里约，从新兵到老将，人人需遵守。

※ 全球员工每年必须填写"劳动态度自检表"，涵盖几十项行为指标，如"是否主动协助他人""是否深夜会议仍能保持专业"；

※ 即便在2019年孟晚舟事件的极端背景下，156个财务中心依旧凭借高度规则化的流程，实现全球资金结算零中断。

这种规则的渗透性，是华为"边打仗边交卷"的核心保障。

中台力：WeLink，数字华为的中枢神经

WeLink 不仅是华为的企业微信，更是其全功能的工作中台。

员工可以在其中完成几乎所有事务：

※ 立项、审批、查阅知识库；

※ 发起报销、即时会议、项目评审；

※ 查询业务地图、调度远程团队资源……

几乎实现了生老病死一应俱全的功能。这背后，是华为持续多年的数字化投入与系统建设，打造出堪比"企业操作系统"的底座。

成长力：双螺旋通道，战场即成长场

华为在成长机制上采用"双螺旋"模式：

※ 技术序列员工可一路从"初级工程师"进阶至"华为院士"；

※ 管理序列则从"预备队"打磨至"干部部"，层层历练、全面考核。

在鸿蒙系统攻坚战中，来自全球的万名工程师在松山湖日夜轮班，通过内部平台共享数十万技术文档，三个月迭代近 50 个版本。这不仅是组织能力的胜利，更是人才体系长期积淀的释放。

信任力：流程至上之下的人性微光

这是华为系统中最具张力的部分。

任正非强调"让听得见炮火的人呼唤炮火"，但现实中，即便巴西代表处总裁临场判断正确，也可能因流程限制，需等待多级审批。

※ 一方面，出于达成业务结果的需要，他们对流程上的上游部门"零容忍"，容不得他们出半点差错。

※ 另一方面，他们又视战地同事为亲人，情感深厚。

这正是"外法内儒"的现代体现：铁一般的制度之上，仍有温度的人性小宇宙在燃烧。

字节跳动：算法驱动蜂群协作，数字塑造柔性秩序

与华为"钢铁军团"式的统筹不同，字节跳动的组织哲学更像是算法世界的群体智能系统。它不是靠命令协同，而是靠数据和算法驱动。

目标力：OKR 如推荐算法般进化

每年 3 月，字节启动"双月 OKR 校准机制"，所有员工需在飞书中填写个人目标，并自动关联到组织目标图谱。

※ 当 TikTok 伦敦团队提出"DAU 增长 20%"，系统立即向北京算法组、新加坡合规组发出"智能对齐信号"；

※ 协同目标会自动生成动态任务网，甚至预估迭代周期与配合瓶颈。

这让字节在面对突发机会时拥有超常的目标重构能力。东南亚扩张战就是典型案例——需求变了，算法和资源同步"漂移"，组织毫不滞后。

规则力：用代码定义协作边界

字节跳动的"规则"往往隐形却有力：

※ 飞书统计你在会议中是否高频插话；

※ 审核系统自动识别你是否偏离过往判定标准；

※ 后台分析你的代码提交频率、响应时间、决策路径。

这种"规则即系统"的做法，减少了人为解释空间，让协作更像"精密的接口调度"。

中台力：飞书就是字节跳动的中台 DNA

飞书不仅是协同工具，更是字节跳动文化与系统力的沉淀。

※ 智能汇报、自动生成 OKR 地图；

※ 多人共创文档，实时批注版本对比；

※ 模块化表单支持上百种内部审批流……

许多离职员工到其他企业后最大的"不适"，就是"没有飞书"。这本身就是对字节中台力最强有力的注解。

成长力：算法激励机制的"活水系统"

字节跳动的"活水机制"允许员工申请自由流动，系统则实时追踪成长指标：

※ "商业敏感度""跨协同影响力"是指标体系；

※ 一旦你的得分持续偏低，系统自动推荐项目案例、学习资源，甚至导师配对。

这套机制让二十七八岁的员工成为产品线总经理不再稀奇，也避免了"组织养懒人"的温水陷阱。

信任力：理性信任构建透明生态

如果说华为的信任偏向情感与组织忠诚，字节跳动的信任更偏理性和系统透明。

※ CEO OKR 全员可见；

※ 所有高管讲话几乎全部开放；

※ 即使是实习生，也能查阅张一鸣的历史发言。

这里的信任不是"我信你"，而是"我把系统给你看"。

两种路径，一种共识：五力之上，皆为修行

当你凌晨三点走进华为的研发实验室，看到工程师正执行标准化流程提交代码，也许在同时，字节的产品经理正在根据推荐算法寻找合适的跨国协作者。

方式不同，但目的相同——都是为了提升组织协同效率、释放人才潜力、打造全球战斗力。

如果说"五力"是远程团队增效的经络系统，那"境界"就是你的修为层级。

整体上，华为与字节跳动，一个强在规则力，一个强在中台力，它们虽然在五力上尺有所长才有所短，却殊途同归地走在远程团队的"无剑之道"上。

而你，是否准备好，踏上这条从"剑招"到"剑心"的修行之路？

别忘了，每一位穿越迷雾、踏实走好每一招每一式的管理者，终将走向属于自己的"无剑之道"。

写在最后

从术入手，
归于人心

管理的起点：组织究竟是什么

现在，你来到了本书的最后一章。

我亲爱的朋友，感谢你一路耐心陪伴，我们已经一起走过了组织增效的所有关键旅程。这趟旅程，源于腾讯对高绩效团队的研究和实践，又不止于腾讯。

原本，本书已经完成了它的使命，我应该让你合上书页了。

但作为一名长期工作在一线的组织研究者与实践者，我始终相信：一个优秀的管理者，仅仅知道"怎么做（How）"远远不够，还必须知道"为什么要这样做（Why）"。我们必须再深入思考两个灵魂问题：

※ 组织到底是什么？

※ 我的组织管理，到底基于什么假设？

如果没有思考透彻这两个问题，我们往往只能在管理术的表层徘徊；而只有深入吃透了这两个问题，我们才能站在更高的层次，看清管理的本质。

六层组织观：从结构到生命，从术到道

"组织"这个词我们早已不陌生，但真正能够回答"什么是组织"的，却寥寥无几。组织之于管理者，如空气之于人、水之于鱼——我们身处其中，却往往忽略对它本质的思考。

曾有一家企业的 HR 团队在向公司总裁汇报"如何提升组织活力"这一组织课题时，被总裁连续追问了三个问题：

1. 什么是组织？

2. 什么是活力？

3. 什么是组织活力？

全场沉默。

这一幕让我意识到，管理者必须建立一种更具系统性和层次感的组织观——你如何看待组织，你内心的组织假设是什么。模型能帮助你解决"怎么看"的问题，而组织观则回答的是"你凭什么要这样看"。唯有理解组织观，才能真正理解组织模型，也才能理解组织的本质，而唯有理解组织的本质，才能真正掌握管理的方向。

我在长期观察华为、腾讯、阿里等企业的基础上，总结出了组织中常见的六个层次的组织观，如表10-1所示：

▼表10-1 组织观的六个层次

层级	组织观	核心视角
第1层	机械物理观	组织如机器，强调结构与效率
第2层	熵增观	组织好比一个物理系统，终将走向混乱与衰退
第3层	耗散结构观	组织需远离平衡态、开放、自催化
第4层	生命观	组织是自我演化的有机生命体
第5层	人本观	组织是活生生的人，应尊重个体，激发其内在动机
第6层	社会观	组织是由社会人构成的小社会，应尊重人的社会属性

这些组织观并非互斥，而是像光的"波粒二象性"一样，是在从不同角度解释组织的多维属性，它们构成了组织的立体世界。你对它理解得越深，你驾驭组织复杂性的能力就越强。

高活力组织的"三观"

在长期管理实践中，我发现那些真正有生命力的组织，往往拥有更高维度的"组织观"。它们的认知视角，普遍位于"六层组织观"中的最高三层：

1. 生命观（第4层）：组织被视作一个生命体，具备自适应、自学习、自进化的能力。

2. 人本观（第5层）：组织以人为本，不将人仅当作资源，而是尊重个体差异，激发人的内驱与潜能。

3. 社会观（第6层）：组织不仅是完成任务的工具，更是成员建立连接、获得归属、承载情感的共同体。

这三观，构成了高活力组织的"精神地基"。三观不正，组织的屋宇再雄伟，也终将坍塌；三观扎实，哪怕是在"沙地"上搭建远程协作平台，也能承载无数梦想与可能。

像华为、腾讯、阿里、字节跳动、京瓷等长期高绩效企业，正是将这三观内化于管理哲学、践行于日常机制，才打造出各自独特而持久的组织生命力。

团队增效：更需要以"道"驭"术"

远程团队天然就不能依赖"看得见的管理"，这听上去似乎是个缺陷，实际上却是它拥抱高活力的绝佳契机。因为你无法再靠现场流程去"遥控"团队，只能转向那些真正具备穿透力的元素：信任、连接、规则与文化。

这也注定了，远程团队管理者必须站得更高，以"道"驭"术"——从更高维的组织观出发：

※ 要像华为那样，视组织为耗散结构，保持开放性与进化性；

※ 要像腾讯那样，视人为人，尊重个体，点燃内在动机；

※ 也要像阿里和谷歌那样，视组织为小社会，激发多元连接与社交活力。

基于我对多个远程团队的观察与实践，我提炼出高活力远程团队的八大原则：

1. 流程最小化，信任最大化；
2. 打开边界，构建开放组织；
3. 驱离安全区，让组织保持爬坡感；
4. 打造会"玩"的 HR 团队；
5. 破除固定周期，让组织随需而动；
6. 激发内在动机，而非外部控制；
7. 让组织有"魂"——组织观；
8. 给成员一个精神港湾——文化。

这八大项，既是原则，也是尺度；既能落地，也能升维；既能校准远程团队管理的坐标系，也能搭建组织演进的结构力。

模型的力量：照见本质，点亮行动

高手都是有套路的

古人云："熟读唐诗三百首，不会作诗也会吟。"这句看似轻巧的话，其实蕴含了一个深刻规律：事做多了，就摸着门道了。

但要写出好诗，并非非得读满三百首；想成为一位专家，也未必就要苦熬十年寒窗。

在这个世界上，真正的高手，靠的不是蛮力，而是巧劲——模型。

全球公认最会投资的人是巴菲特，而他背后那位少有人知的智囊，就是查理·芒格。芒格说过一句话："很多事情背后，其实是同一个模型，只是换了个套路，换汤不换药。而最重要的模型，数量不多，只要掌握了这些，就能看透世上 98% 的事。"

当你识别出唐诗背后的模型——格律、意象、构思方式，可能只读三十首，就能写出三百首的味道；同样的道理，当你看清管理背后的模型——管理方法论，也许只需一两年的训练，就能做出十年老将的判断。

这，便是模型的力量。它让你跳过反复试错的弯路，越过看似漫长的经验积累曲线，一眼看清本质，一步迈向高阶。

这也是为什么，华为在管理领域会如此强调方法论与模型的重要性。在华为，管理不是靠个人英雄主义打天下，而是靠一整套系统化、可传承、可复制的模型在支撑。

正因如此，任正非才能实现那句被广泛传颂的管理哲思："把能力建在组织上，而不是建在个人身上。"

当模型成为共识，经验就能复制；当方法被沉淀，能力就能传承。当系统化思维扎根于组织内部，真正的"可持续成长"才有了落脚点。

这，是一个组织从"人治"走向"机制化进化"的分水岭。

模型，是让人看清世界的隐形望远镜

五力模型，就是远程团队增效背后的模型，它像一副看世界的眼镜，为远程团队管理者提供了一种系统性的观察视角：

※ 团队里八卦横飞、猜忌丛生？——信任力出问题了。
※ 每个人都很努力，但方向四散、步伐不齐？——目标力有待锤炼。
※ 开会争吵不休、公说公有理婆说婆有理？——规则力缺位。
※ 信息无法同步、协作效率低下？——中台力不健全。
※ 成员停滞不前、缺乏成长的渴望？——成长力尚未激发。

这些问题，在日常管理中往往被误判为"执行力不强""员工没责任感""责权不清晰"等等。但一旦你掌握了模型，就像具备了X射线的透视能力，能"不畏浮云遮望眼"，一眼看穿问题的表象，直击灵魂。

模型，是管理者成长的脚手架

模型就像搭建房子的脚手架。在早期，它帮你撑起体系、厘清逻辑、规避

盲点。但当你的"领导力之屋"逐渐成型，模型便从一种依赖，转化为一种肌肉记忆般的思考方式。

真正高阶的管理高手，不会把模型当作"教材"死记硬背，而是把模型当作工具箱，在关键时刻信手拈来、对症下药。

能否有意识地进行这样的模型训练，是你是否真正迈入第四重境界的重要标志。

正如我们在前文提到的"手中无剑，心里也无剑"——到那时，模型早已化入骨血，成为你处理复杂局面的自动反应机制，而不再需要被刻意唤醒。

从模型到信念：管理修行的终点

正如丛龙峰博士所说："使人成熟的不是岁月，而是经历……重要的不是懂得多少理论，而是你如何去提升自己。"

模型，只是通往"道"的桥梁，而非终点。它是一张地图，引导你穿越远程团队管理的迷雾与未知。但真正的风景，不在图上，而在你一次次的决策与共创中，在一次次信任重建、目标共识、规则磨合、信息流通与成长点燃的过程中。

回望本书，我们从信任谈起，走过目标、规则、中台、成长之路，最终在组织观中回归初心，在术的淬炼中触摸"道"的温度，又于"道"的升维中看见人的本质。

愿你在管理的江湖中，不只做一个懂工具、练套路的行家，更成为一个系统思维者、深度连接者和文化塑造者——一个真正的远程武林高手。

愿你以信任为桥，以目标为锚，以规则为帆，以中台为舵，以成长为灯，在远程协作的星辰大海中破浪前行。

管理不是一场征服，而是一场回归——回归真实的人性，回归本真的连接，回归那份值得托付与共行的信任。管理的尽头，不是你学会了多少方法，而是你成为了怎样的人。

愿你用五力修出心力，用模型走出觉察，在这个远程时代，成为一个真正有方向、有能量、有温度的管理者——成为那个即使身处天涯，也能点亮他人、照亮远方的人。

愿这本书，能在你身边，成为你穿越迷雾时的一盏灯，陪你走过一路的不确定性，走向你心中那片"有光之地"。

时代风云变幻，而你始终清醒，因为你有一张，属于你自己的管理地图。

参考文献

1 Bowman, E.H.and CE. Helfat, *Does corporate strategy matter?* Strategic Management Journal, 2001.22, 1-23.

2 Susan Lund, Anu Madgavkar, James Manyika, and Sven Smit.*The future of remote work：An analysis of 2,000 tasks, 800 jobs, and nine countries.*

3 明茨伯格.卓有成效的组织[M].杭州：浙江教育出版社，2020.

4 况阳.真OKR[M].北京：机械工业出版社，2023.

5 Manfred F. R. Kets de Vries. *The Leader on the Couch：A Clinical Approach to Changing People Organisations.* 406:299.

6 Leigh L. Thompson. *Making the Team：a Guide for Managers[M]. Pearson Education, Inc, 2018.*

7 乔·蒂德，约翰·贝赞特.创新管理[M].陈劲译.北京：中国人民大学出版社,2020.

8 丛龙峰.自我觉察[M].北京：机械工业出版社，2023.

反侵权盗版声明

电子工业出版社依法对本作品享有专有出版权。任何未经权利人书面许可，复制、销售或通过信息网络传播本作品的行为；歪曲、篡改、剽窃本作品的行为，均违反《中华人民共和国著作权法》，其行为人应承担相应的民事责任和行政责任，构成犯罪的，将被依法追究刑事责任。

为了维护市场秩序，保护权利人的合法权益，我社将依法查处和打击侵权盗版的单位和个人。欢迎社会各界人士积极举报侵权盗版行为，本社将奖励举报有功人员，并保证举报人的信息不被泄露。

举报电话：（010）88254396；（010）88258888
传　　真：（010）88254397
E-mail： dbqq@phei.com.cn
通信地址：北京市万寿路 173 信箱
　　　　　电子工业出版社总编办公室
邮　　编：100036